ボウリング
はじめてみよう、両手投げ

著　塩山 一美

モデル　木田 大輔

ベースボール・マガジン社

はじめに

　2007年あたりから目立ってきた両手投げは、当初は少数派の投球方法でしたが、その数は、近年、急激に増加しつつあります。そういう流れに至ったのは、ジェイソン・ベルモンテやオスク・パレルマといった両手投げの選手が、PBA（全米プロボウラー協会）の大会で台頭し、新時代を切り開いたことが影響していると考えられます。

　両手投げで活躍する選手たちの多くは、自身の投球方法を独学で学んだそうです。両手投げが発展途上であることを意味する現状ですが、それは、両手投げを指導する側にとっても指導される側にとっても、憂慮するべき事態といえるでしょう。

　本書では、両手投げの木田大輔プロ（55期）をモデルに、この投球方法を解説していきます。両手投げの醍醐味を味わい、難しさも感じながら、ページをめくっていただけると幸いです。投球姿勢やステップを意識した上で、無理なく落ち着いて投球できるようになれば、レベルアップにつながるはずです。

　さぁ、両手投げの世界の扉を開けましょう。

contents

CREDITS

特別協力
日本プロボウリング協会
木田 大輔

取材協力
戸辺 誠
新城 一也
正田 晃也
中濱 歩

編集協力
関 孝伸
八木 陽子
多賀 祐輔
中谷 希帆

動画編集
木村 雄大

デザイン
黄川田 洋志
井上 菜奈美

写真
馬場 高志
ボウリング・マガジン

構成
大熊 飛鳥

本書籍は、『ボウリング・マガジン』で連載した「指導者のための両手投げマニュアル」（2023年5月号から2024年2月号）、「ボウリング用語集」（2020年8月号から2021年3月号）、「覚えよう!! ボウリングのマナー」（2021年5月号）を大幅に加筆・修正し、新企画を加えてまとめたものです。

第 1 章

両手投げを
身につけよう

　現在の両手投げには、いろいろなパターンが存在します。両手投げのスタイルやリズムが、一人ひとりで異なるからです。徐々にブラッシュアップされ、進化している両手投げですが、それに伴い、私たちも、さらなる一歩を踏み出さなければいけません。

　ここでは、両手投げの木田大輔プロをモデルとし、この投球方法の基礎を解説していきます。

両手投げのメカニズム

アドレス編

アドレスは、すべての投球動作のもとであり、アドレスのスタンスによって、その後の投球スタイルが決まるといってもいいくらいです。最も重要なポイントは、左肩を入れるためのスイングラインをしっかりと確保できるようにボールを持つこと。それができないと、きれいな投球動作になりません。スイングラインの確保は、トップの選手たちのほとんどが行っていることなので、絶対に忘れてはいけません。

両手投げのメカニズム｜アドレス編

視線としては狙うターゲットを見る！

体を少し開き、右肩を下へ傾けることにより、スイングラインをつくる

右手がボールの真下にくるように構え、左手はボールに沿うような形で持つ

アドレスの基本

　右手がボールの真下にくるように構え、左手はボールに沿うような形で持ちます。体を少し開き、右肩を下へ傾けることにより、スイングライン（ボールの通り道）をつくります。

　ここでのポイントは、足の向きです。ターゲットラインに向けて左足を置き、右足を少し開けば、体も、自然に開きます。その際の視線としては、ターゲットラインを見るようにします。

POINT 1　左肩の位置に注目

　両手投げの場合、頭の下からラインをとるため、左肩が前に入ります。すると、体が必ずスイングの邪魔をするので、必然的に左へステップすることになります。

POINT 2　型をつくりすぎない

　型をつくりすぎると、投球動作に力みが生じる恐れがあります。そうならないために、自然体でアドレスをとるようにします。

両手投げのメカニズム

プッシュアウェイ編

重要な投球動作の一つであるプッシュアウェイを解説します。プッシュアウェイとは、理想のスイングを行うために、ボールを前に押し出す動作のこと。投球の質は、プッシュアウェイのタイミングによって決まるといっても過言ではありません。

　ただし、ここでの解説がプッシュアウェイのすべてではないという点をまずは頭に入れておかなければいけません。両手投げの場合、構え方一つをとっても特徴的な選手が、多くいます。アドレスの時点でボールを下に構える選手がいたり、リズムをすごくゆっくりととる選手がいたりしますが、いずれも不正解ではありません。

　重要なのは、自分のスイングをきちんと行うことです。自分がスイングしやすいリズムとタイミングを優先した上で、プッシュアウェイを練習しましょう。

両手投げのメカニズム | プッシュアウェイ編

自分のスイングラインを確保する！

左手をボールに
添える

プッシュアウェイの基本

片手投げのプッシュアウェイの場合は、左手が横に逃げる形になります。一方、両手投げのプッシュアウェイの場合は、左手をボールに添えたまま、その過程の中で前傾姿勢をとり、自分のスイングラインを確保する形になります。前傾姿勢を徐々に強めながら、バックスイングで一番深い前傾姿勢をとるようなイメージです。

木田プロは前にプッシュアウェイしますが、下に手を下ろすプッシュダウンスタイルもあります。

左手を添えたまま、ボールを前に押し出し、前傾姿勢をとる

前傾姿勢を徐々に強めながら、バックスイングで一番深い前傾姿勢をとる

両手投げのメカニズム｜ **プッシュアウェイ編**

徹底比較　片手投げとの違いは？

　両手投げのプッシュアウェイは、片手投げのプッシュアウェイほど、確立されていません。なぜなら、自分がスイングしやすい形にする選手が多いからです。

　松田力也プロ（56期）は、最も

オーソドックスなストローカータイプの片手投げで、正確なコントロールを武器とします。写真①からわかる通り、前方までボールをしっかりとプッシュするスタイルです。木田プロも、写真Ⓐの時点では、同様に、

松田プロのプッシュアウェイ

前方にしっかりとプッシュアウェイしています。

　違いが出るのはそのあとで、松田プロは、左手を横に逃がしながら、自分のスイングラインを確保しています（写真②）が、木田プロは、左手を添えたまま、前傾姿勢を深めることでスイングラインを確保しています（写真Ⓑ）。この部分が、片手投げのプッシュアウェイと両手投げのプッシュアウェイの決定的な違いです。

木田プロのプッシュアウェイ

両手投げのメカニズム

スイング編

ダウンスイング／バックスイング／フォワードスイング

スイングの際は、スイングラインとアームサークルを意識します。スイングは個性が出る部分でもありますが、この二つは、決して崩してはいけません。さらにいうと、スイングラインを意識したアームサークルを常につくることが大事。これができれば、コントロールが自然と安定しますし、なおかつ、球速が出ます。初心者の選手が陥りがちな、コントロールがつかない、球速が出ないといった悩みは、ここで解決することがあります。

両手投げのメカニズム｜スイング編

ダウンスイング／バックスイング／フォワードスイング

一連のスイングの動き

プッシュアウェイ

ダウンスイング

ボールの重さを感じながら、スイングの軌道を確保するために、3歩目（5歩助走の場合）でボールをきちんと下ろす

バックスイング

バックスイングを大きくとることが、球速を上げるための重要な動作

スイングの基本

　両手投げのダウンスイングにおける重要なポイントは、二つあります。フットワークと前傾姿勢です。まずは、ボールの重さを感じながら、スイングの軌道を確保するために、3歩目（5歩助走の場合）でボールをきちんと下ろします。そして、前傾姿勢を深くとり、バックスイングに入ります。ここで前傾姿勢を深くしっかりととらないと、きれいなスイングラインをつくれず、バックスイングのバランスが崩れます。

POINT 1 アームサークルをきれいに

投球動作を横から見た際に腕でつくられる楕円のことをアームサークルといいます（下の連続写真参照）。バックスイングについては、プッシュアウェイからリリース手前までのアームサークルがきれいに見えていることが、最も重要な点。アームサークルがきれいなら、その方向にしっかりとスイングできている証明になります。

また、正面から見た場合は、頭がスイングライン上にあることが、アームサークルがきちんとできている証拠になります。

フォワードスイング

ボール全体を手のひら（カップ）で維持しつつ、余計な力を加えないことがポイント

NG

ここで8の字を描いたり、背負ったりすると、きれいなアームサークルにならない

フォワードスイングは、リリースにつなげるためのプロセスの一つです。プッシュアウェイ時につくるアームサークルがきれいに見えている状態で、リリースに入ります。

ボール全体を手のひら（カップ）で維持しつつ、余計な力を加えないことがポイントです。片手投げと違い、親指を抜く作業がないので、左腕全体をできるだけリラックスさせながら、ボールを支えます。余計な力が入ると、肩が回ってしまいます。すると、投球ラインがブレるなど、リリースがうまくいかないケースが多くなります。

両手投げのメカニズム | スイング編 （5歩助走の場合）

ダウンスイング

2歩目が基本のタイミング

　　歩き方はタイプによって異なりますが、タイミングについては、2歩目が基本です。

バックスイング

前傾姿勢を深くとる

　球速を上げるための重要な動作の一つが、バックスイングを大きくとることです。しかし、両手投げのバックスイングは、必然的に、片手投げよりもコンパクトな動きになります。それは、ボールを両手で抱えているからであり、コンパクトな動きを避けることはできません。

　では、どのような方法でバックスイングをとればいいのでしょうか。重要になるのは、前傾姿勢の深さです。バックスイングを高くとれない分、前傾姿勢を深くとることで、スイングを大きくするのです。

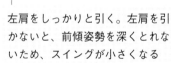

左肩をしっかりと引く。左肩を引かないと、前傾姿勢を深くとれないため、スイングが小さくなる

バックスイング

POINT 4

フットワークを速く

　両手投げでさらに球速を上げるには、ある程度のフットワークの速さが必要です。バックスイングの動作に入る4歩目がポイントで、足を「速く、短く」運ぶことを意識します。

NG

4歩目が大きいと、右半身が前に出てくるので、肩を引けない

フォワードスイング

POINT 5

左腕をリラックスさせる

　余計な力を加えないことがポイントです。親指を抜く作業がないので、左腕全体をできるだけリラックスさせましょう。

片手投げのフォワードスイングとの比較

　片手投げでは、体がブレないように、左手でバランスをとります。一方、両手投げにおける左手は、力まないようにリラックスした状態でボールを支えるという役割があります。

両手投げのメカニズム

リリース編

これから紹介するリリースは、ボウラーにとって悩むことが多い個所です。これまでは、モデルの木田プロのように、前傾姿勢をとりながら、速いステップでアプローチを踏むタイプが多かったのですが、近年は、レーンに水平になるほどの深い前傾姿勢からリリースするタイプが増加しています。その代表格としては、PBA（全米プロボウラーズ協会）のカイル・トループが挙げられます。

　ここでの学びをスムーズなリリースにつなげてください。

両手投げのメカニズム | リリース編

ボールの表面をこするようなイメージで！

下の写真は、ボールをカップで持っているところから、ボールが転がり落ちるまでの様子。指を引っかけるのではなく、ボールの表面をこするようなイメージ、または、ボールを手のひらからこぼすようなイメージでリリースする

POINT 1

リフトしないリリースを心がける

リリース時の注意点としては、リフトが強くなりやすいことが挙げられます。リリース時にかき上げると、手前が全然いかずに先もこないような球質、すなわち、「回転はしているが、ボールが曲がらない」球質になってしまいます。

リフトしていない手元

リリースの基本

リリースのモーションに入る際は、上体をアプローチと平行にしながら、狙っているライン上にアームサークルを意識してスイングします。その際は、ボールがなるべく長く手のひらにある状況をつくることが重要です。両手投げの場合、ボールが手のひらに乗っている時間が片手投げよりも長く、その分だけ、回転を多くかけやすいというメリットがあります。

リリース時は、指を引っかけるのではなく、ボールの表面をこするようなイメージ、または、ボールを手のひらからこぼすようなイメージでリリースします。

最近の傾向

前傾姿勢が深い選手が増えてきた

従来の両手投げとは異なり、最近は歩くようなステップでアプローチする選手が少なくありません。ゆっくりとしたステップであっても、深い前傾姿勢から、かなり低い位置でリリースすると、強く速いボールを投げることができます。

なお、前傾姿勢の深さやステップは、選手それぞれの体の使いやすさや特徴によって異なります。どのスタイルが優れているということはありません。

リリースタイプは、各個人で異なる。最近は、トループ（写真）のように、深い前傾姿勢の選手が増えてきた

両手投げのメカニズム

フォロースルー編

リリースさえできれば、フォロー　スルーなんて、どんな形でもいいなどと、考えてはいけません。アドレスからスイングまでの一連の流れをしっかりと行うことが大切で、それができれば、きれいなフォロースルーが、自然とついてきます。ところが、初心者の多くは、リリースするためにスイングし、そこでタイミングを崩した結果、フォロースルーも崩してしまいます。きれいなフォロースルーは、完璧な投球動作の証しであり、決してないがしろにしてはいけない、大事なポイントなのです。

両手投げのメカニズム｜フォロースルー編

フォロースルーの基本

フィニッシュ後のフォロースルーについても、さまざまなタイプが存在するので、そこに正解はありません。ただし、フォロースルー時に左肩を引いている選手はほとんどいないといえるでしょう。左肩を引く……すなわち、

リリース時に右肩が入ると、ボールの中心を捉えきれずに回転が甘くなるからです。

左肩をできるだけ前に残した状態でのフォロースルーが、いい投球をするためのポイントになります。

左肩をできるだけ前に残す！

正面　側面

左肩をできるだけ前に残した状態でのフォロースルーが、いい投球をするためのポイント

徹底比較　左肩を前に残すのは共通

　両手投げ唯一のレギュラートーナメントタイトルホルダーである新城一也プロ（55期）は、「顔の前に腕がこなかったら、それが引っ張る癖が出なかったとき」といいます。戸辺誠プロ（55期）は、右手をしっかりと握っています。国体覇者である横山実美プロ（54期）は、「フィニッシュで蹴り上げた際の右足の下ろし方まで大切」と話していました。

　フィニッシュのタイプは違いますが、どの選手も、左肩を前に残しています。

横山実美プロ

新城一也プロ

戸辺誠プロ

やってみよう！

アプローチを省略した練習

ここでは、全体のバランスを整えるための練習法を紹介します。アプローチを省いた練習法でタイミングを覚え、安定したフォームを身につけましょう。

0歩助走で練習しよう

バランスがとれたフィニッシュをイメージしながら、頭の下でしっかりとスイングする

　0歩助走は、ボウラーにとって、基本的かつ効果的な練習方法の一つです。手の位置や頭とボールの位置関係を意識しながら、基本の形を体にしっかりと覚えさせましょう。

1歩助走で練習しよう

90°

「バックスイングのトップは90度」を意識しながらスイングする

　0歩助走の練習に慣れたら、次に1歩助走で練習します。動きは増えますが、根本は変わりません。0歩助走で学んだラインどりと体の方向を意識しながら、スライドする距離の分だけ、うしろで力まずに構えます。0歩助走の際と同じく、頭の真下でリリースできるようなバランスを意識しましょう。

3歩助走で
練習しよう

　1歩助走で安定したリリースができるようになったら、次に3歩助走の練習に進みます。3歩助走の練習では、フィニッシュ1歩手前のステップを「速く、短く」踏むことを意識しましょう。その上で、安定したリリースができるようにします。

ステップを「速く、短く」踏むことを意識する

背面

やってみよう！　アプローチを省略した練習

5歩助走で練習しよう

ポイントは、フィニッシュに向けて加速するために、まずはゆっくりとスタートし、そして、3歩目で大きく踏み出すことです。0歩助走、1歩助走、3歩助走の際に意識したポイントを5歩助走でもできるように、繰り返し練習しましょう。

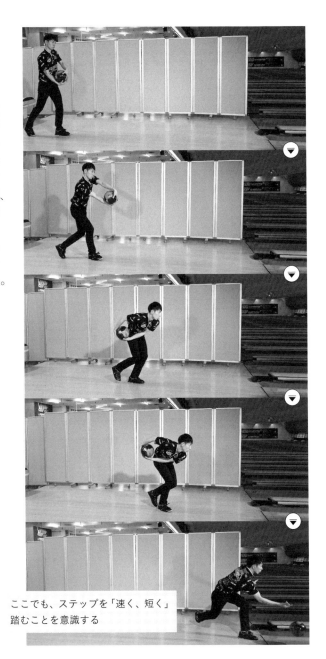

ここでも、ステップを「速く、短く」踏むことを意識する

第2章

アジャスティングを覚えよう

　両手投げが直面する問題の一つがボールコントロールです。両手投げはピンアクションが大きく、片手投げよりもストライクを取りやすいといわれますが、実はその反面、ボールコントロールが片手投げよりも難しいので、スペアでつまずく選手が多いのです。

　この章では、まずは基準となる1投目のラインどりから学びます。ラインの基準を頭の中で思い描いておくと、さまざまなコンディションに対応できるようになるでしょう。

ボールコントロール｜1投目に狙うライン

基準となる 1投目のラインどり

　スペアカバーのラインどりの前に、まずは基準となる1投目のラインどりから学びます。ラインの基準を頭の中で思い描いておくと、さまざまなコンディションに対応できます。

　ここでは、41フィートのミディアムコンディションに設定しました。オイルの総量自体が多いほうではないので、中のオイルが少し厚いこととウッドレーンであること以外は、オーソドックスなコンディションといえます。

　まずは、そのコンディションにおける木田プロの1投目のラインどりを解説します。右の写真とラインどりの図（37ページ）を見ると、ボールの落下地点は17、18枚目付近です。そこから、15枚目のスパットを通過。12枚目でフッキングし、ポケットをきれいに突いています。一見すると、タイトな攻め方のように感じられますが、中央のオイルが厚い点を考慮しながら、オイルの利点をしっかりと使った攻め方をしているといえます。

　両手投げの場合、高回転という条件があるため、ボールを大外まで出さなければいけないと考えがちです。しかし、出さずにポケットを突ける場合は、中でフッキングさせてもかまいません。

木田プロが1投目に投げたライン

ボールの落下地点は17、18枚目付近。15枚目のスパットを通過したあと、12枚目でフッキングし、ポケットをきれいに突いている

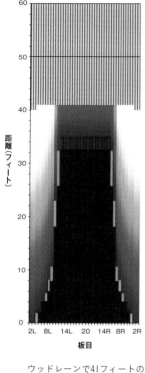

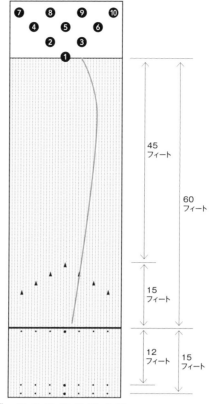

ウッドレーンで41フィートの
ミディアムコンディション

| 左投げ | 35 | 30 | 25 | 20 | 15 | 10 | 5 | (枚) |
| 左投げ | 5 | 10 | 15 | 20 | 25 | 30 | 35 | (枚) |

ラインどりの基準を見つけよう！

　まずは、1投目のラインどりの基準を見つけましょう。さまざまなオ
イルパターンに対応するには、自分の球質やとりやすいラインを知るこ
とが、大切になります。これまでに学んだフォームを崩さないようにし
ながら、ボールの落下地点やスパットの通過点を意識して投球します。
　フッキングポイントについても、どこでフッキングをとるのが自分に
とって望ましいのかを考えて投げます。そうすれば、「自分の得意」を
見つけることができます。センターにレーンコンディション表が貼って
あるはずなので、忘れずに確認してください。

ボールコントロール｜1投目に狙うライン

ワンポイントアドバイス

「3：1：2」理論に基づくアジャスティング法

図1「3：1：2」理論の比率図

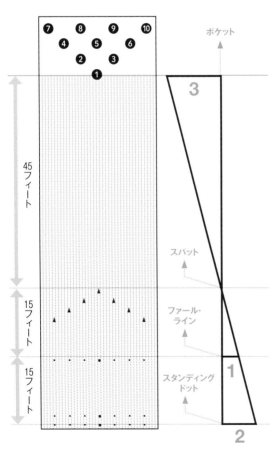

レーン縦方向における距離（ターゲット＜スパット＞～1番ピン＝45フィート、ファール・ライン＜着床点＞～ターゲット＝15フィート、スタンス位置＜スタンディング・ポイント＞～ターゲット＝30フィート）の比率は、「3：1：2」になります。この各ポイント間の距離を利用して投球にアジャストするのが、「3：1：2」理論に基づく調整法です。立つ位置、ボールを放す位置、狙う位置を幾何学的に利用した、合理的な調整法です。

レーン縦方向におけるスタンス位置、ファール・ライン、ターゲット（スパット）、1番ピンの位置関係は、図1の通りです。

図1からわかるように、ターゲットを中心にその比率を求めると、1番ピンまでが45フィート、ファール・ラインまでが15フィート、スタンス位置までが30フィートなので、「45：15：30」＝「3：1：2」となります。この比率を利用してスパットを変えずに投球すると、ピン位置では、

スタンスで動いた立ち位置とは逆方向に1.5倍動くことが理解できます。

レーン縦方向のターゲットを変えずに、立つ位置を板目2枚変えて投げると、ファール・ライン（着床点）で板目1枚変わり、1番ピンの位置では板目3枚変わります。1番ピンと2番ピンの間は板目5.5枚のため、❶－❸ポケットとの板目の差を考えて、立つ位置を変えることにより、次の投球に生かせます。これが、ラインアジャスティングの基本になります。

具体的には、次のような工程で調整します（右投げの場合）。

①スタンス位置はファール・ラインから15フィート手前
②ボールの着床点はファール・ライン
③投球目標はスタンス位置から30フィート先のスパット
④ボールの到達位置はファール・ラインから60フィートの1番ピン

これで❶－❸ポケットを打つことができなかった場合、次のことを確認しましょう。

①スタンスの位置確認（何枚目に立ったか？）
足の爪先や側面を基準に判断します。必ず、投球前に確認します。
②リリース（着床点）の位置確認（何枚目に落ちたか？）
リリースしたあと、最終ステップの爪先を動かさずに確認します。平均的なボウラーのボール着床点は、爪先から板目

5、6枚外側です。
③スパットの通過位置確認（何枚目を通過したか？）
目視で確認できます。アドレス時から、目を離さないでください。うまく通過しなかった場合は、間違った枚数も確認します。
④リリースの感触確認
親指の抜け具合とフィンガーの感触がいつも通りできたかどうかを感覚で確認します。
⑤投げ終わったあとのフォーム確認
思い通りに投球できたかどうかを確認します。ぐらつかなかったか、軸足だけで立てたか、飛び出さなかったか、蹴り足の位置やフォームはどうだったかなどが、確認事項になります。

以上が、実際のラインアジャスティングです。ただし、この調整方法が効果的に生かされるためには、次の条件が必要です。

①目標に対し、アプローチの歩き方が、常に平行であること（パラレル・アプローチ）
②極端なオイル塗布差がないこと（基本は均一レーン）

この理論は、その利用目的から、第1投目についてはファースト・インパクト調整法として用いられ、スペア・アングルを決定する際には「3-6-9」スペア・システムとして利用されています。

ボールコントロール｜スペアの取り方

２投目はスペアボールを使用する

　ここからは、スペアを取るための２投目に使うラインについて解説します。

　両手投げを新たに覚えようという方の場合、２投目については、スペアボールを使用することをお勧めします。もちろん、もともと両手投げで、リアクティブボールを投げることに慣れている方は、この限りではありません。ボウリングでは、自分に合った方法で投球することが、何よりも重要なのです。

　両手投げの場合、できるだけフレッシュなオイルを使うことによって、曲がりを抑えた投球をしなければいけません。ですから、オイルの使い方が片手投げの場合よりも重要なポイントになりますし、スペアボールで投球したほうが、レーンコンディションの影響を受けにくく、残ったピンを取りやすいといえます。

　加えて、自分が取りやすいスペア・アングルを学ぶことも大切です。端に残った７番ピンや10番ピンなどをスペアカバーできる率は、投球者の球質に左右されます。だいたいのアングルを決めておけば、難しいコンディションでも慌てずに対処できます。

　また、大会に出場した際は、練習ボール中に7番ピンと10番ピン双方のラインどりを確認することが必須です。

スペアボールとは？

　表面の素材が主にポリエステルでできているボールのことです。素材の性質上、大きく曲がることはありません。そのため、曲がりが出るとスペアメイクしにくい7番ピンや10番ピンなどを取る際に、このボールを多用します。特に両手投げの場合は、回転量が多く、普通のボールではスペアを取りにくいので、スペアボールを使うことをお勧めします。

木田プロ2投目のラインどり
（41フィートのミディアムコンディション）

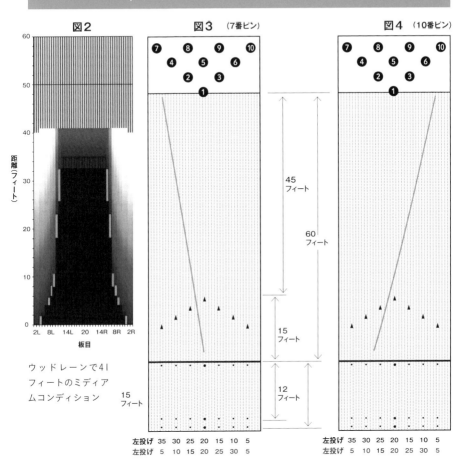

図2

距離（フィート）

板目 2L 8L 14L 20 14R 8R 2R

ウッドレーンで41
フィートのミディア
ムコンディション

15フィート

図3 （7番ピン）

45フィート
60フィート
15フィート
12フィート

左投げ 35 30 25 20 15 10 5
左投げ 5 10 15 20 25 30 5

図4 （10番ピン）

左投げ 35 30 25 20 15 10 5
左投げ 5 10 15 20 25 30 5

自分の球質に合ったラインどりを探し出す

　7番ピンや10番ピンをスペアボールで取るには、自分の球質に合っ
たラインどりを探し出すことが大切です。特に7番ピンについては、立
ち位置や狙うラインが人によって異なるため、念入りに練習してくださ
い。10番ピンについては、オイルの影響を受けにくいラインを探し出し、
投げやすいラインでカバーするようにします。

ボールコントロール｜スペアの取り方

7番ピンの取り方

　7番ピンのカバーは、スペアボールを使わなくてもいいのではないかと思いがちです。しかし、レーンコンディションによっては、カバーが難しくなることがあります。

　外のオイルが入っていないレーンで

あれば、リアクティブボールでも取れる可能性が高いでしょう。しかし、いわゆるスポーツコンディションなどの難しいレーンで投球する場合は、スペアボールを使用したほうがいいと考えます。

木田プロの7番ピンカバーのライン

木田プロのライン

　上の写真は、図2（41ページ）のコンディションにおける、木田プロの7番ピンカバーのラインどりです。図3（41ページ）で示す通り、ボールの落下地点は20、21枚目付近。そこから、20枚目から25枚目のスパットを通過し、7番ピンにヒットしています。

　一見すると、タイトな狙い方ですが、今回のレーンコンディションとウッドレーンという状況を鑑みれば、幅をとらないラインのほうがスペアカバーしやすいといえます。

10番ピンの取り方

10番ピンを取る際は、対角線をできるだけ大きく使う（オイルを長く使う）ようにします。両手投げの場合、1投目よりも内に入らなければ、スペアボールであっても、オイルに反応してしまう場合があります。1投目で削ったラインに触れないように心がけることが大切です。

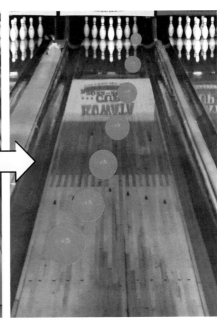

木田プロの10番ピンカバーのライン

木田プロのライン

上の写真は、木田プロの10番ピンカバーのラインどりです。ボールの落下地点は31枚目付近で、スパットは22枚目あたりを通過しています。そのまま10枚目まで直線的にボールを運び、10番ピンにヒットさせています（P41／図4）。

対角線を大きく使って投球しているため、オイルの影響を受けずに直線的に10番ピンを狙うことができます。

ボールコントロール｜**スペアの取り方**

 ワンポイントアドバイス

スペア・アジャストメント

　すべての投球で10本のピンを倒す、パーフェクトボウラーは存在しません。スペアの種類は、計算上では1023通りありますが、実際に残り得る数は249通りで、それに対する効果的なスペア・アングル対処法が、二つあります。

(1)「3-6-9」スペア・アジャストメント・システム

　このシステムは「3：1：2」理論を応用したもので、ターゲット（スパット）を軸に、残りピンに応じて、スタンス位置を調整する方法です。[1]ストライク・ポジション（S・P）と[2]テンピン・ポジション（T・P）を中心に、残りピンに対し、一定のパターン（板目3枚ずつ移動）にしたがって、スタンス位置を調整します。

　なお、ここに記載している調整数字は、右投げを基準にしています。左投げの場合は左右逆になると理解してください。

①レーン中央にキーピンが残った場合のスペアの取り方

　[3]キーピンが❶番ピンか❺番ピンの場合＝ストライク・ポジションに立ち、ストライク・ターゲット（S・T）を通します。

②レーンの左側にキーピンが残った場合のスペアの取り方

　キーピンが❷番ピンか❽番ピンの場合＝ストライク・ポジションから右に板目3枚移動して立ち、ストライク・ターゲットを通します。

※1 ストライク・ポジション
「3：1：2」理論を活用する際に自身が定めた、自分がストライクを取りやすい立ち位置
※2 テンピン・ポジション
自分が10番ピンを取りやすい立ち位置。基本的には、対角線上でスペアメイクするが、ボールの回転量や球速で微調整する
※3 キーピン
スペアを取るための中心となるピン

　キーピンが❹番ピンの場合＝ストライク・ポジションから右に板目6枚移動して立ち、ストライク・ターゲットを通します。
　キーピンが❼番ピンの場合＝ストライク・ポジションから右に板目9枚移動して立ち、ストライク・ターゲットを通します。

③レーンの右側にキーピンが残った場合のスペアの取り方

　キーピンが❿番ピンの場合＝テンピン・ポジションに立ち、テンピン・ターゲット（T・T）を通します。テンピン・ポジションの目安としては、ストライク・ポジションから移動したターゲットの枚数×2＋9枚（倍数移動の応用）と考えてください。
　キーピンが❻番ピンの場合＝テンピン・ポジションから右に板目3枚移動して立ち、テンピン・ターゲットを通します。
　キーピンが❸番ピンか❾番ピンの場合＝テンピン・ポジションから右に板目6枚移動して立ち、テンピン・ターゲットを通します。

「3－6－9」スペア・アジャストメント・システムを表1に示します。

表1「3－6－9」スペア・アジャストメント・システム

キーピン	スタンス位置	ターゲット（スパット）
❶番 or ❺番	S・P	S・T
❷番 or ❽番	S・Pから右に板目3枚移動	S・T
❹番	S・Pから右に板目6枚移動	S・T
❼番	S・Pから右に板目9枚移動	S・T
❿番	T・P	T・T
❻番	T・Pから右に板目3枚移動	T・T
❸番 or ❾番	T・Pから右に板目6枚移動	T・T

ボールコントロール｜ **スペアの取り方**

(2)「2－4－6」スペア・アジャストメント・システム

　このシステムは、ターゲット（スパット）を軸に、残りピンに応じて、スタンス位置を調整する方法です。ストライク・ポジションとテンピン・ポジションを中心に、残りピンに対し、一定のパターン（板目2枚ずつ移動）にしたがって、スタンス位置を調整します。

①レーン中央にキーピンが残った場合のスペアの取り方

　キーピンが**❶**番ピンか**❺**番ピンの場合＝ストライク・ポジションに立ち、ストライク・ターゲットを通します。

②レーンの左側にキーピンが残った場合のスペアの取り方

　キーピンが**❷**番ピンか**❽**番ピンの場合＝ストライク・ポジションは動かさず、目標をストライク・ターゲットから板目2枚左に移動して通します。
　キーピンが**❹**番ピンの場合＝ストライク・ポジションは動かさず、目標をストライク・ターゲットから板目4枚左に移動して通します。
　キーピンが**❼**番ピンの場合＝ストライク・ポジションは動かさず、目標をストライク・ターゲットから板目6枚左に移動して通します。

③レーンの右側にキーピンが残った場合のスペアの取り方

　キーピンが**❿**番ピンの場合＝テンピン・ポジションに立ち、テンピン・ターゲットを通します。テンピン・ポジションの目安としては、ストライク・ポジションから移動したターゲットの枚数×2＋9枚（倍数移動の応用）と考えてください。
　キーピンが**❻**番ピンの場合＝テンピン・ポジションは動かさず、目標をテンピン・ターゲットから板目2枚左に移動して通します。

キーピンが❸番ピンか❾番ピンの場合＝テンピン・ポジションは動かさず、目標をテンピン・ターゲットから板目4枚左に移動して通します。

※理論上は可能ですが、「3−6−9」システムのほうが実用的です。

「2−4−6」スペア・アジャストメント・システムを表2に示します。

表2「2−4−6」スペア・アジャストメント・システム

キーピン	スタンス位置	ターゲット（スパット）
❶番 or ❺番	S・P	S・T
❷番 or ❽番	S・P	目標をS・Tから左に2枚移動
❹番	S・P	目標をS・Tから左に4枚移動
❼番	S・P	目標をS・Tから左に6枚移動
❿番	T・P	T・T
❻番	T・P	目標をT・Tから左に2枚移動
❸番 or ❾番	T・P	目標をT・Tから左に4枚移動

この二つのスペア・アジャストメント・システムを実践できると、飛躍的なスキルアップにつながります。「自分は、理論など知らない。自己流でプレーしている」というボウラーにしても、よく観察すると、2つのシステムに自然とあてはまっていることが多いものです。コミュニケーションのきっかけとしても、知っておくといいでしょう。

「3−6−9」スペア・アジャストメント・システムと「2−4−6」スペア・アジャストメント・システムのポイントを表3に示します。

表3「3−6−9」スペア・アジャストメント・システムと
　　「2−4−6」スペア・アジャストメント・システムのポイント

ポイント	「3−6−9」システム	「2−4−6」システム
中心になるのは？	S・TとT・T	S・PとT・P
何を動かすのか？	S・PとT・P	S・TとT・T
方向は？	右に（右側スペアはT・Pから右）	左に
板目何枚？	3枚、6枚、9枚が基本	2枚、4枚、6枚が基本

ボールコントロール │ （応用編）回転軸を知る

　自分の球質を知るのが大事と伝えてきましたが、ここでは、自分の回転軸を知ることの重要性について解説します。回転軸は、一人ひとりに個性があります。自分の回転軸のベースを知ることができれば、そこからどれくらいの角度をつけると、理想の回転軸になるのかもわかります。

回転軸の調べ方

　回転軸を知る簡単な方法としては、ボールにテープを貼り、オイルがどのようにつくかを確認するやり方が挙げられます。目安として、ファーストトラックから直角にグリップセンターの中心を通し、6と3/4インチ（ボールの円周の1/4）の場所に目立つシールを貼ります。そして、いつも通りに投球し、ローリングトラック（オイルの跡）がどのようにつくかを見ます。

　なお、ボールをドリルする際は、回転軸の正確な基点（PAP＝ポジティブアクシスポイント）が必ず必要になるので、担当のドリラーに相談してください。

両手投げの場合、サムホールを開けなかったり、親指を入れなかったりすることが多いため、球質が横軸になりやすいという特性がある

ファーストトラック

理想の回転軸を考えながら練習する

　ローリングトラックを確認したあとは、どの角度が自分にとって理想の回転軸なのかを考えながら、練習を行います。ボールの動きは、軸の角度が少し変わるだけで変化します。その変化をレーンや自分の球質にうまく合わせることができれば、スコアアップにつながるでしょう。

ボールコントロール | (応用編) 回転軸を知る

回転の角度

回転の角度が0度だと、曲がりが、ほとんど出ません。オイルに沿って、できるだけまっすぐに投げたい場合は、角度を0度に近づけると効果的です。0度から90度に近づけば近づくほど、手前のスキッドが強くなり、奥の動きが大きくなります。インサイドに入ったときに有効です。

0度

45度

90度

POINT 1

ウレタンボール

ウレタン素材のボールはレーンコンディションに左右されにくいため、回転軸が多い両手投げの選手が、よく使用します。特に、ショートコンディションのような曲がりやキレを抑えたい場面で活躍します。ただし、手前のオイルが削れて奥に伸びた結果、もっと難しいコンディションをつくってしまうことがあります。

POINT 2

ボールの選び方

球速があまり出ない選手には、慣性が高いボールを使用することをお勧めします。手前からの転がりが少ないので、球速が出ない選手でも扱いやすいからです。逆に、慣性が低いボールだと、転がりが手前から出るので、球速が出ない選手にしてみると、扱いにくいと感じる可能性があります。

最も大切なのは、コンディションに適したボールを選び、さらにプラスアルファとして、自分のスピードや球質に合ったボールを使うことです。自分で判断できない場合は、通っているボウリング場のドリラーやプロに相談しましょう。客観的に判断してもらうと、上達の一歩になるかもしれません。

POINT 3

手のひらの位置を確認

自分の回転軸を確認できたら、自分の理想の回転軸を思い浮かべながら、それに近づけるように練習します。

いきなり助走をつけて投球するのではなく、まずはノーステップによるリリースを行います。回転をかけるときに手のひらがどこを向くかを意識して練習することが大切です。

テープを貼ったまま行うと、回転軸がわかりやすいでしょう。

投球する前に、手のひらが向く方向を確認する

ボールコントロール｜（応用編）ボールの素材とレイアウト

　自分が持っているボールの素材とレイアウトをチェックし、どんなレーンコンディションに適しているかを把握しましょう。投げる順番をメモしておくと、難しいレーンコンディションにも対応できるようになります。ただし、順番を固定しすぎると、かえって混乱します。「だいたい、こんな順番」という程度で十分です。

ボールの素材

　ボールの素材は、３つに大別できます。スペアを取る際に使用することが多いポリエステル素材のもの、レーンコンディションに左右されにくいウレタン素材のもの、そして、最も使用することが多いであろうリアクティブ素材のものです。

ピンアップとピンダウン

　ピンがフィンガー（中指と薬指）ホールの上にあるものをピンアップといい、手前を走って先で動くような軌道になります。フィンガーホールの下にあるものはピンダウンといい、手前から転がって先が少し緩い軌道になります。

リアクティブ素材のボール

　リアクティブ素材のボールには、パール、ハイブリッド、ソリッドの３種類があります。そして、多くのボウラーは、レーンコンディションや状況に合わせながら、その３種を使い分けます。

　走って先のキレがほしい場合はパール系のボールを、アーク状の動きがほしい場合はソリッド系のボールをそれぞれ使い、ハイブリッド系のボールが、その中間の役割を担います。

　安定したスコアを保つには、適切な投げ分けをする必要があります。

ピンアップのボール（左）と
ピンダウンのボール

ツーフィンガーのピンアップのボール（左）とピンダウンのボール。サムレスの場合、ピンがフィンガーの上にあっても、ピンダウンと同じ効果が表れます

レイアウト

　ボールは、レイアウトによって、さまざまな動きを見せますが、その動きに大きな影響をおよぼすのが、ピンの存在です。ピンとは、ボール内部に入っているコアの頂点を示すマークのこと。ボールの動きは、ピンがフィンガーホールの上部にあるか下部にあるかや、右の①、②、③の距離によって、変わります。

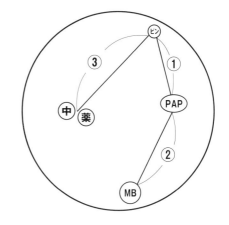

ボールの種類による使い分けの例

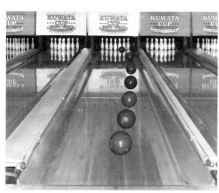

ピンダウン&ソリッド

- ○ ゲームの序盤
- ○ アーク状の動きがほしい場合
- ○ レーン素材が硬い場合

ピンダウン&パール

- ○ ゲームの序盤
- ○ 先の動きがほしい場合
- ○ レーン素材が柔らかい場合

ボールコントロール （応用編）ボールの素材とレイアウト

ボールの種類による使い分けの例

ピンアップ＆ソリッド

- ○ ゲームが進行した際
  （手前がいかなくなってきた場合）
- ○ アーク状の動きがほしい場合
- ○ レーン素材が硬い場合

ピンアップ＆パール

- ○ ゲームが進行した際
  （手前がいかなくなってきた場合）
- ○ 先の動きがほしい場合
- ○ レーン素材が柔らかい場合

まとめ

　ボールの素材とレイアウトのかけ合わせを変えて、投げてみましょう。ボールの動きは、同じ選手の投球であっても、かなり異なるはずです。ただし、レイアウトは、一例に過ぎません。自分に適したボールのレイアウトと素材の種類を覚えると、使えるレーンの幅が広がります。

　いつも同じボールを使っている方は、いつもと違うレイアウトや素材を試してみるといいかもしれません。投げ方やアプローチは、スコアアップにおいて重要なポイントですが、ボールやレイアウトを変えてみることでも、スコアアップが期待できます。

第 3 章

いろいろなタイプの両手投げ選手を比べてみよう

木田 大輔プロ

戸辺 誠プロ

新城 一也プロ

現在の両手投げには、いろいろなパターンが存在します。両手投げのスタイルやリズムが、一人ひとりで異なるからです。

ここでは、同期の両手投げプロボウラー3選手、木田大輔プロ、戸辺誠プロ、新城一也プロの投球フォームを映像つきで解説します。

3選手による特別座談会も掲載しました。両手投げの世界の奥深さをさらに感じ取れるでしょう。

動画でチェック

木田 大輔プロ

（55期／ライセンスNo.1369）

側面

正面

スイングに無駄な力感がない

　大きなプッシュアウェイときれいなアームサークルが特徴的です。ゆったりとリラックスしたアドレスで立ち、ここから、大きなプッシュアウェイのタイミングをとります。そのため、歩幅が、ほかの選手よりも広め。スイングにも無駄な力感がなく、きれいなアームサークルが、きちんと見えています。フォロースルーを大きく前に振るため、ほかの選手のボールよりも、奥に着地します。

動画でチェック

戸辺 誠プロ

（55期／ライセンスNo.1372）

側面

正面

手のひらからこぼすようにリリース

ゆったりとした一定のリズムを保ち、手のひらからこぼすようにリリースするのが特徴的です。アドレス時に、ほかの選手よりも前に立ちますが、これは、ブレを少なくするため。ボールをあらかじめスイングライン上に置くので、コンパクトで動きに無駄がないプッシュアウェイ（プッシュダウン）となり、安定したコントロールを見せます。左肩がしっかりと入ったスイングで投球するため、リズムとしてはゆったりですが、球速は出ます。

新城 一也プロ

（55期／ライセンスNo.1370）

側面

正面

ブレがなく、安定感がある

　体に吸いつくような投球が特徴的です。とにかくブレがなく、安定感があります。アドレスからスイングに入るまでのリズムが速く、なおかつ、コンパクトで無駄がない動きをしています。スイング時に体を強く捻転させることにより、頭の真下でのスイングから顔

の前での自然なフォロースルーという流れを成立させています。両手投げの特徴をすべての動きの中できちんと捉えているため、両手投げの強みを生かせています。パフォーマンスが非常に充実した選手といえます。

特別座談会

両手投げにまつわるエトセトラ

　木田大輔プロ（55期）、新城一也プロ（55期）、戸辺誠プロ（55期）
による特別座談会を実施しました。最前線で活躍する選手たちが、
どのようにして、両手投げを体得したのかを探りました。また、両
手投げならではの利点や悩みなどについても聞きました。

回転をかけたくて、両手投げにした

塩山　まずは、両手投げを始めたきっかけから聞いていきましょう。

新城　僕は、4歳のときにボウリングを始めました。小学1年生のときから、祖父の古いマイボールを使うようになったのですが、（それが大人用の重いボールだったので）ずっと両手投げです。両手投げ10年目のときにプロテストを受験して、今に至るという感じです。

塩山　3本指で投げた記憶はないのですか？

新城　遊びではありますが、競技で投げた記憶はありません。今、投げたとしても、回転をかけるのは難しいと思います。

戸辺　僕は、プロテストを受ける2、3年前くらいに、両手投げを始めました。もともとは片手投げで、両手投げにするつもりはありませんでした。でも、片手投げでは、まったく曲がらなかったんです。メカテクもマングースも装着

していましたが、曲がりませんでした。

塩山　回転をかけたくて、両手投げにしたのですね。

戸辺　そうです。本当はローダウンになりたくて、当時、指導を受けていたプロに「サムレスで投球すると、回転をかけやすくなるから、そこから入るといいよ」とアドバイスされたのがきっかけです。それで、もういいじゃんという感じになりました。

木田　僕も、それとほぼ一緒です。もともとは片手で、メカテクをしていました。回転をかけたくて、ローダウンにチャレンジしたのですが、全然できなかったんです。「じゃあ、サムレスにすれば」と勧められて、サムレスを始めました。でも、腱鞘炎になってしまったので、両手投げに落ち着きました。

塩山　両手投げにしたきっかけとしては、ボールを曲げたい、回転をかけたいというのが多いようです。3人は同じ両手投げではありますが、タイプは、それぞれ違う

と感じます。それぞれに対して、どんな印象を持っていますか？まずは、木田プロについて聞かせてください。

新城　木田プロの投球を最初に見たとき、この人はもともとは片手投げだったんだなと、すぐにわかりました。リリースの手の形が、両手投げっぽくなかったからです。片手投げのようなきれいなリリースなんです。

戸辺　確かに、そうですね。

新城　意外と、手前を飛ばすイメージがあります。あとは、外に膨らませるのが好きな印象です。

戸辺　新城プロのほうが膨らませていると思います。

新城　そうですか？

戸辺　木田プロに対する僕のイメージは、ロフトがうまいということです。転がすよりは、飛ばすイメージ。足のステップに関しては、元片手投げで同じだからなのか、僕と少し似ているような気がします。

木田　確かに、ステップは似ているかもしれません。でも、自分と

しては、特別飛ばしている意識はなかったので、ロフトのイメージを持たれていることに驚きました。

塩山　次に、戸辺プロについての印象を聞かせてください。

新城　前に立って、内から転がすイメージがあります。あとは、横回転が強くて、両手投げなのに片手投げみたいだなと思っていました。

木田　僕は、転がし方がすごくきれいだと感じています。自分自身が飛ばし気味だからなのか、その印象が強いです。

戸辺　片手投げのときも、手前から転がすタイプでした。両手投げになっても、その流れで、手前から転がす感じ。前に立つようになったのは、ジェイソン・ベルモンテの影響が大きいです。両手投げにした当時、周りは片手投げばかりだったので、YouTube でベルモンテの投球をすべてコピーして練習しました。

塩山　最後に、新城プロについての印象を聞かせてください。

戸辺　第一印象としては、体幹が

4歳のときから、一貫して両手投げの新城プロ。できるだけ顔の横で収まるようなフォロースルーを意識しているという

いいなと思いました。ブレない感じがすごくあります。上半身があんなに動いているのに、最後にバランスをきちんととれているのが、本当にすごいです。

木田　アプローチの勢いがあるなと感じた記憶があります。走るようなアプローチのとり方なのに、手投げにならないところがすごいなと思います。

戸辺　フォームに関しては、3人の中で最も両手投げっぽいと感じます。最も前傾が強いのも新城プロで、体をきちんと使って投げている印象です。木田プロを含めて、僕たちは、腕などの上半身を主に使って投げるイメージですが、新城プロは、ジュニア時代から両手投げをやっているので、全身を使って投球する体の使い方が染みつ

練習を始めた当初は片手投げでクランカーを目指したが、アドバイスを受け、両手投げに転向した戸辺プロ。フォームを自撮りし、練習を重ねた

いています。

塩山　新城プロが両手投げで初タイトルを取った際は、どのように感じましたか？

戸辺　正直、先にやられたなと思いました。

木田　僕も、まったく一緒です。

戸辺　両手投げの（タイトル獲得）第1号は誰になるんだみたいな雰囲気がありましたが、僕の中では、やられたという気持ちとすごいなという気持ちの両方でした。

塩山　同期としては喜ばしいですが、ライバルとしては悔しい気持ちもあることでしょう。新城プロ自身は、どんな気持ちでしたか？

新城　16歳でプロに入ったときは、もう少し早く取れると思っていました。でも、プロの世界はそんなに甘くなかったです。

塩山　自信がないと勝てない世界なので、そういう気持ちは大事だと思います。目の前で見ていましたが、両手投げでタイトルを取った事実は、インパクトがありました。時代がこれから変わっていくんだなと思わせてくれました。

両手投げにとって、ウレタンボールは必須

塩山　ウレタンボールの使用率が増えていますが、その点については、どのように考えていますか？

新城　僕が優勝した際は、ウレタンボールを選択したことがいいほうに出ました。会場のレーンがウレタンにすごく合うコンディションでしたし、ちょうど、ウレタンを投球する練習ばかりやっていたんです。そのときは、ウレタンを投球する選手が今よりも少なかったですし、本当にちょうどいいときにウレタンを極めて、優勝することができました。

塩山　ウレタンボールを投球する両手投げの選手は、プロアマ問わずに多いです。僕が国体の監督を務める少年男子たちの使用率は8割。そのうち、両手投げが5割くらいでしょうか。コンディションの変化が激しくて、監督として、何をどう指示したらいいかがわからなくなることがあります。

木田　今の時代、両手投げにとっ

ては、ウレタンボールは必須かもしれません。

塩山　ラインナップに3つくらい入れている選手がいます。

戸辺　ウレタンボールは嫌いではありませんが、ウレタンからリアクティブに変えるタイミングがすごく難しいです。でも、ウレタンが飛ばないなと思ったら、すぐにリアクティブに変えちゃいます。木田プロはどうですか？

木田　僕は、球質的に手前があまりいきません。先もそんなにこないので、ウレタンボールの必要性をあまり感じません。ですから、ラインナップとして持ってはいますが、レーンコンディションがショートとかでなければ、あまり使いません。

戸辺　ウレタンボールを使用する場面は、僕としては、先が暴れすぎてしまう場合とリアクティブボールだと投げられる幅がすごく狭い場合の2パターンくらいしかないイメージです。でも、最近は、スタートから使用している選手が少なくありません。

塩山　ボールの選択については、どのように対応していますか？

新城　ウレタンボールかリアクティブボールかの話は別として、僕は、ヘッドピンに当たった際にピン飛びが最もいいボールを選択するようにしています。練習ボール中に何個かあった場合は、レーンの変化に応じて変えるようにしています。

戸辺　僕は、失投してもポケットを突けるボールを選んでいます。失投が楽なボールをいかにして選ぶかが、僕が練習ボール中に一番見るポイントです。

指の入れ方は三者三様で、自分のスタイルがある

塩山　両手投げのメリットとデメリットを教えてください。

戸辺　僕の場合、両手投げにしてから、ストライク率が、間違いなく上がりました。そこがメリットです。一ついえるのは、曲がるボウラーが増えてきた分、オイルがなくなるのがすごく早いこと。オイルがなくなっていくと、オイル

両手投げ選手の中では、オーソドックスな投球スタイルとして知られる木田プロ。力感がないフォームから、高回転ボールを投げ込む

を追わなくちゃいけないので、そこはちょっと大変だなと思います。例えば、レーンに寄り切れなくて、ガターを飛ばしてロフトしなくちゃいけないとか、そういうことで

す。技術が必要なので、昔に比べて大変だなと感じています。

木田　確かに、寄っていくスピードが、かなり速くなりました。僕が感じるメリットとしては、親指

の悩みがないのが大きいです。

新城　僕は、親指を入れています。

木田　調整はしますか？

新城　テープとかではしませんが、例えば、ウレタンボールを使わなくてはいけないような「外速、中遅」のレーンだと、いつもよりも曲げたいというか、縦回転にして止めたいイメージがあります。その場合は、親指を少し入れて、引っかけるようにしています。それと、10番ピンを取るときは、親指をほんの少しだけ入れたりもします。親指でいろいろと調整しています。

塩山　指の入れ方のこだわりはありますか？

戸辺　僕は、第2関節まで入れています。そのほうが、ホールドしやすくて投げやすいからです。第1関節で投げたことがあるのですが、動きすぎましたし、定まらなかったので、ダメでした。

新城　僕は、引っかける投げ方なので、入れられるところまで入れています。第1関節半くらいでしょうか。第1関節だけだと、指に

負担がかかりすぎて、腱鞘炎になります。

木田　僕は、第2関節まで入れると、まったく転がりません。ですから、第1関節までしか入れていません。

塩山　三者三様で、それぞれに自分のスタイルがあるんですね。

ベルモンテとバレルマ 「左手をちゃんと使いなさい」

塩山　これまでに、どんな両手投げの練習をやってきましたか？

戸辺　コピーです。とにかく、見様見真似でやろうというのが最優先でした。いろいろな両手投げの選手の投球方法を試した結果、僕にはベルモンテの投げ方が一番合っていました。

木田　とにかく投げました。投げて投げて、自分が投げやすいフォームにようやく落ち着いたという感じです。

新城　僕は、小学生のときから両手投げですが、ボウリングというスポーツが楽しかったので、ひたすら投げていました。当時は、両

手投げの選手が周囲にいなかったので、誰かの影響を受けることはありませんでした。

戸辺 ベルモンテとオスク・パレルマが来日した際に、二人に教わったのですが、例えば、「左手をちゃんと使いなさい」とか、いうことは同じでした。左手の使い方でいうと、ジュニアの選手のほうが上手な場合が多いんです。ジュニアの場合、ボールが重いので、両手でちゃんと持ちます。それに対して、ジュニアよりも力が強い大人は、うしろに振った際に、片手でボールを振れてしまうので、左手が離れやすいんです。そうなると、投げる瞬間に左手でまったく支えられずに、片手のサムレスのような状態になってしまいます。ですから、僕は、レッスンでは左手をよく見るようにしています。

新城 左手を使えていないと、脇が甘くなるというのもあります。両手の場合、体が開くので、左手をうまく使えないと難しいです。

木田 見るところは、みんな一緒なのかもしれません。左手の使い方次第でスイングのバランスが崩れることがあるので、僕も、レッスンでは左手をよく見ています。

戸辺 左手をちゃんと使えるようになってようやく、足やタイミングのところに移れるのかなと思います。

塩山 女子の両手投げ選手も増えてきましたが、男子と女子で違いを感じる点はありますか？

木田 女子選手の場合、女性ならではの体の柔らかさがあるので、フォームが、すごくきれいなんです。一方で、スピードが少し足りない選手が多いと感じます。オイルがまだある前半のレーンコンディションなら合うと思いますが、遅くなってくると、どの選手もきつそうです。

新城 スピードを出すためには体を使わなくてはいけませんが、体を使うと、コントロールが悪くなります。両手投げを始めたばかりの人に、「どうやったら、スピードが上がりますか？」と、よく聞かれます。レッスンをやると、男性でもそうなので、女性の場合は

もっと難しいかもしれません。

戸辺　二人の意見と一緒です。女子に関しては、タイミングのとり方が上手な選手が本当に多いと感じます。先ほど、ジュニアは左手の使い方が上手という話をしましたが、それと同じで、女子は左手の使い方がうまいので、両手投げのフォームの形が、すごく整っています。でも、やっぱりスピードが足りていない選手が多くて、そこが、今後の課題なのかなと思います。

ほかの両手投げ選手に負けたくない

塩山　両手投げ選手のことは意識しますか？

戸辺　やっぱり、すごく見ちゃいます。最近だと、トーナメントなどでは、自分の上に両手投げ選手がいてほしくないと思います。

木田　わかります。両手投げ選手の中で自分が1位だと、ちょっとホッとします。

新城　意識しないといったら、う

木田 大輔

55期／ライセンス No.1369

きだ・だいすけ◎1989年12月29日生まれ、東京都出身。178cm／68kg、O型。東京ポートボウル所属。両手投げ（右）。中学生の頃にボウリングを始めた。高校卒業後、ボウリング場で働きながら大会に出場し、経験を積んだ。師匠の半井清プロ（10期）に勧められて両手投げに転向し、2016年にプロテストに合格。2017年3月の関西オープンで、初めて賞金を獲得した。最高年間ランキングは34位（2018年）

そになります。僕的には、両手投げ選手がポイントランキングで自分よりも上位にいると燃えます。

戸辺　それもわかります。もちろん、優勝したいのが一番ですし、自分よりもランキングが下位の選手に負けたくないというのもあります。でも、何よりも、ほかの両手投げ選手に負けたくないという気持ちがあります。

新城　確かにそうです。でも、総合で勝てばいいかなと思っています。両手投げの場合、粗い部分があ

ります。打てるレーンと打てないレーンが、どうしてもあるんです。

塩山　最後に、今後の目標を聞かせてください。

新城　2勝目を目指すのはもちろんですが、大会に出られるうちは、自分が、両手投げプロの中でずっとランキングトップでいたいと思います。あとは、プロボウラーだけではなく、アマチュアボウラーにも、両手投げといえば、新城一也と思ってもらえるような選手に

新城 一也

55期／ライセンス No 1370

しんじょう・かずや◎1999年8月13日生まれ、埼玉県出身。160cm／55kg、A型。STEEL SPORTS 所属。両手投げ（右）。小学校6年生のときに、初めて出場したオール関東ジュニアで優勝した。中学校3年生のときには、全日本中学選手権を制覇した。16歳でプロテストに合格し、2年目の2017シーズンにランキング34位でシード入り。2020年9月のドリスタメンズカップで、両手投げ選手として初となる優勝を果たした。最高年間ランキングは23位（2020-21年）

なりたいです。

戸辺　両手投げの優勝第1号はもうなくなってしまったので、まずは優勝第2号を目指します。僕は今年で32歳を迎えました。自分が頑張るのはもちろんですが、ジュニアの育成も頑張りたいと考えています。自分の優勝はかなわないとしても、自分の教え子がタイトルを取る姿を見てみたいです。

木田　僕も、まずはプレーヤーとして、大会で優勝したいと思います。年齢を重ねるにつれて、できなくなってきている感覚があるので、果たして、プロ選手として何歳まで通用するのかという挑戦の気持ちもあります。あとは、自分の感覚や経験を生かしながら、年齢が高めの方でも両手投げにチャレンジできるような環境づくりに貢献したいです。両手投げの競技人口がもっと増えてくれたらうれしいです。

戸辺　誠

55期／ライセンス No.1372
とべ・まこと◎1992年2月26日生まれ、千葉県出身。172cn／61kg、A型。アミューズメントシティラクゾー所属。両手投げ（右）。中学時代はソフトテニス部員だったが、高校生のときに、小森清人プロ（49期）に弟子入りした。2015年2月のJPBA千葉地区研修会で史上初のアマチュア優勝を果たし、2016年にプロテストに合格。シーズントライアル2018サマーシリーズで、初めて賞金を獲得した。最高年間ランキングは48位（2022年）

第 **4** 章

ボウリング基本の 「き」

この章では、ボウリングのマナーと用語について説明します。

両手投げを練習するにあたっても、競技会に参加するにあたっても、まず第一に、ボウラーとしてのマナーを守らなければいけません。

サムレスやストローカー、ミディアムコンディションといった、これまでに出てきた用語に関しても、わかりやすく記します。

実はNG!?

マナーを覚えよう！

初心者が競技会に参加する上で困るのがマナーです。「レーン牽制って何ですか？」、「ボールラックに置けるマイボールは、何個までですか？」など、わからないことばかりです。マナーを守れない人に注意する中上級者がいますが、その人にしても、知らず知らずのうちにマナーに違反しているかもしれません。

ここでは、知っておきたいマナーを挙げていきます。しっかりと覚えてください。

基本中の基本!!
まずは、あいさつをする

スタート前にアプローチをチェックすることも忘れずに

よろしくお願いします

おはよう

同ボックスで一緒に投げる人にあいさつしてから、ベンチに入りましょう

バッグをきれいに並べる

3個入りローラーバッグは、立て置きにすることも考えましょう。一般の方が通りにくいので、ハウスボールのラック前は、特に避けましょう

↑共用部分の妨げになったり、乱雑に置いたりしてはいけません。ベンチ内のスペースは、譲り合って使いましょう

ボールラックに置くマイボールは、基本的に1個だけ

ボールラックは、みんなで使う場所です。スペアボールは、邪魔にならないように、サブラックまたはボールベースに置きましょう

タオルやシャミーをほかの人の ボール上に置いてはいけない

オイルを拭いた面が、ほかの人のボールに触れてしまいます

上級者もやりがちなので、気をつけよう

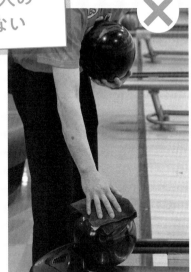

パウダー類は、ほかの人の 迷惑にならないように使う

←粉がほかの人のボールや手に付着するので、パウダー類をボールラックやコンソールパネルに置いてはいけません。アプローチパウダーをシューズにつけるのも厳禁です

➡ベンチの後方などで、パウダーが飛び散らないようにしながら使いましょう

レーン牽制は、センターや大会のルールに従う

試合の進行が
乱れるので、
譲りすぎるのも
考えもの

隣が構えている間は待つ

1レーン牽制の場合

隣同士のレーンで、投球者が同時に立つことは避けましょう。基本的に、右側が優先です。1ボックス牽制なのか1レーン牽制なのかについては、センターや大会によって異なるので、スタート前に確認しましょう。1レーン牽制の場合、間に1レーン空いていれば、アプローチに立ってかまいません

立つのは、
まだ早いよ

✕

1ボックス牽制の場合は、隣のボックスまできちんと見てから、アプローチに立ちましょう。レーンに片足を乗せて待つのも禁止です

視界に入るから
やめて

✕

投球者が準備しているときに、すぐうしろに立ってはいけない

邪魔だよ

投球者を応援しているつもりかもしれませんが、投球者としては、せっかく集中しているのに、気が散ります。自分の順番ではないときは、ボールラックから離れて待ちましょう

ちょっと、やめてほしいんだけど…

教え魔はダメ

頼まれてもいないのに、一方的に教えるのはやめましょう。相手としては、断りにくいですし、迷惑です

ルールやマナーを知らない人には、優しく教えてあげよう

ボールがピンに当たったら、
すぐにアプローチから降りる

早く戻ってこぉい

あれぇ、おかしいなぁ

投球完了は、アプローチを降りたときです。いつまでもその場で考え込んでいてはいけません

アプローチ上で、ボールを拭いてはいけません

飲み物をこぼしたら、
すぐにスタッフを呼ぶ

ごめんなさぁい

特に、ジュースやスポーツドリンクはベタベタするので、スタッフにしっかりと拭いてもらいましょう。備えつけのボール用タオルで拭いてはいけません

レーンに足を突っ込んで
しまったら、シューズを脱ぐ

オイルがシューズの底についたはずなので、
脱いでから戻りましょう。もしも、アプロー
チにオイルをつ
けてしまったら、
危ないので、スタ
ッフに拭いてもら
いましょう

危ないっ

ああっ

トイレに行く際やレーンを移動する際は、
シューズカバーを使う

トイレの水滴やコ
ンコースのほこり
をアプローチに運
んでしまうと危険
です。自分のため
にも、ほかの人の
ためにも、シュー
ズカバーを使いま
しょう

はがしたテープは、すぐに捨てる

ゲーム後は、ゴミをベンチなどに残さないように

はがしたテープは、ベンチテーブルやコンソールパネルなどには貼りつけず、必ずゴミ箱に捨てましょう

スプレータイプのボールクリーナーは、ボールラックでは使わない

まだ投げているんだけど…

隣のレーンで投げている人がいたら、ボールラックでボールを拭かないようしましょう

液体が、アプローチにこぼれます

スコアや成績表をＳＮＳなどに
投稿する際は、ほかの人に配慮する

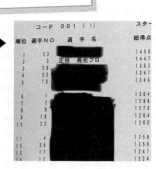

成績表の写真を撮るのはかまいませんが…

自分以外の名前がわからないように、加工してから投稿しましょう

ゲーム終了後は、
必ずあいさつをしてから帰る

競技会は、あいさつで始まり、あいさつで終わります

ありがとうございました

お疲れさまでした

お疲れでした

アシスタント／正田晃也プロ（44期）、
中濱歩プロ（52期）

センタースタッフにも、あいさつをしましょう

いまさら聞けない!! ボウリング用語集

ボウリングには、マニアックかつ意味不明な言葉が、いっぱいあります。実はよくわからないまま使っている用語も、あるのではないでしょうか？

そこで、いまさら聞けない基本的なボウリング用語を紹介します。言葉の正確な意味を知れば、ボウリングがもっと楽しくなるかもしれません

あ

アーマーレーン（合成レーン、シンセティックレーン）

現代のボウリングレーンで主流になっている、合成樹脂（プラスティック）製レーンの総称。硬度、模様、色などがメーカーによって異なり、その種類は、多岐にわたる。ウッドレーンよりも、オイルが乗りやすい。

RG

ボールの転がりにくさを示す、慣性モーメントを表す言葉。ルール上、2.460インチ以上2.800インチ以内と規定されている。数値が大きいと転がりにくく、小さいと転がりやすい。

アウトステップ

投球後の軸足が、利き手と逆の方向にずれてしまうこと。十分な踏み込みができず、体勢が崩れやすい。

アウトピン

投球後に倒れたピンが、ピンデッキの前方のレーン上やガターに飛び出してしまうこと。審判員や競技委員に申告し、ピンを取り除かなければならない。

アクシスチルト

レーンと水平に見た際のボールの回転軸の傾き。スピナータイプは角度が小さく、セミロール、フルロールになるにつれ、角度が大きくなる。

ボールの回転（ピン側から見たところ）

アクシスチルト／アクシス（回転軸）／トラックアングル／レーン／フルローラー／セミローラー／スピナー

アクシスローテーション

投球されたボールの進行方向と回転方向の間の角度を表したもの。完全な縦回転だと０度、完全な横回転だと90度になる。縦回転が強い場合は、コントロールしやすいが、入射角度を得にくい。横回転が強い場合は、コントロールしにくいが、ポケットに入れば、ストライクになりやすい入射角度を得られる。

アジャスティング

ストライクポケットを探る行為。オイルの変化によって、同じ場所に投げてもストライクが出なくなったら、立つ位置やリリース方法を変えたり、ボールを替えたりして調整する。

厚い

ボールが、ピンの中心部付近にヒットすること。ヒットした部分がピンの中心部であるほど「厚め」といい、ピンのど真ん中に当たった場合は、「ど厚め」という。１投目において、１番ピンにど厚めに当たると、ほとんどが、ストライクにならない。

アドレス

投球前に足の位置を決めて構える、動作や姿勢のこと。

アプローチが重い、軽い

アプローチの滑り具合のこと。滑りにくい場合は「重い」、滑りやすい場合は「軽い」という。レーンの材質やボウリング場のメンテナンスにより、大きく変わる。

甘い

ブレークポイントでの曲がりが緩いこと。キャリーダウンが発生すると見られる現象。

アングル

ストライクやスペアを取るためのレーンに対する角度。ジャストポケットへの進入角度。アジャスティング時に、立つ位置などを変えて、ボールの進行方向を調整することを「アングルを変える」という。

い

イージーミス

スプリット以外のスペアをミスすること。

インサイド（アングル）

一般的には、10枚目よりも内側のスパットを通すアングルのこと。ただし、何枚目から内側をそう呼ぶかは、ボウラーによって異なる。

インザダーク

②－⑧や③－⑨のように、前のピンに隠れたうしろのピンが、真正面からは見えない残り方。スペアを取る難易度が、高めといえる。別名、スリーパー、ダブルウッド。

インステップ

ラストステップの左足を右足の延長ラインにフィニッシュすること（右利きの場合）。左足をラストステップ前の位置よりも右に向かって踏み出すと、軸足がスイングラインに近くなり、体重を支える形として合理的とされる。

インチ（inch、記号：in）

ヤード・ポンド法の長さの単位。フィートの12分の1。1インチは2.54センチ。

う

ウォッシュアウト

右利きの場合は①－②－④－⑩、左利きの場合は①－③－⑥－⑦の残りピン。利き手側にノーヘッドした際によく出る現象。難易度が高いが、スプリットではないため、ミスすると、イージーミスに分類されることがある。別名、ワッシャー。

うすい（薄い）

ボールが、ピンの中心から離れた部分にヒットすること。ヒットした部分がピンの中心部から離れるほど「薄め」といい、ピンの端にかするように当たった場合は「ど薄め」という。1投目において、1番ピンにど薄めに当たった場合、ピンアクションに恵まれると、まれにストライクになる。

ウッドレーン

木製のレーン。その数は以前よりも大幅に減っているが、心地いいボール着地音や独特の香りが特徴で、それらを好む根強いファンが多い。アーマーレーンよりも、オイルの薄さや変化を感じやすい。

お

オーバーターン

リリースで手首をひねりすぎること。ボールを内側に引っ張ったり、横回転が強すぎたりしてしまう。

オープンバック

バックスイングで肩をうしろに引くことで、上半身を外側に開く投球スタイル。肩、ヒジ、手首を柔らかく使い、高回転ボールを投じる姿勢をつくりやすくする。国内外のクランカータイプのほとんどが採用している。

オープンフレーム

ストライクやスペアをマークできなかったフレーム。

オールウェー

第2フレーム以降のあるフレームから第10フレーム3投目まで、ストライクを続けること。

オールスペア

すべてのフレームをスペアにすること。センター大会では、褒賞ゲームになることがある。その場合、10フレーム3投目が、ストライク、ガター、ファールの場合、達成が認められない。

オフセット

　機械がピンを正しい位置にセットしなかった状態。正しいピンスポットからずれている状態。公式戦でオフセットがあった場合、競技委員や審判員に申告し、リセットしなければならない。

（ボールが）終わる

　ボールが完全にロールアウトした状態の俗称。角度がそれ以上変わることはなく、ボールのエネルギーが失われるため、ピンヒットが弱い。

オンス（ounce、記号：oz）

　ヤード・ポンド法の重さの単位。ポンドの16分の1。1オンスは約28.35グラム。

━━ か ━━

カウントがいい（⇔悪い）

　マッチゲームの優劣を表すフレーズ。例えば、7フレーム時点において、A選手が145点、B選手が143点で、マーク数が同じ場合、ともにオールウェーなら、現状でリードしているAが勝つため、「Aのほうが、カウントがいい」という。

カップリスト

　ボールをグリップする際に、手首を内側に巻き込む形。フィンガーや手のひらをボールの下部に運びやすいため、強い回転をかけられる。

カバーストック

　ボールの表面素材のこと。現代のボウリングでは、ソリッド、パール、ハイブリッド、ウレタン、ポリエステルの5つに分類される。ミクロ粒子の凹凸が表面にあり、素材と組み合わせることによって、摩擦力を調整している。

壁

　レーンの内側（内壁）と外側（外壁）に存在するが、定義は異なる。内壁は、オイルが急激に多く（高く）なっている場所のこと。その部分を使って攻めることを「内壁に沿わせる（ぶつける）」という。外壁は、レーンのガター寄りに存在するオイルの切れ目のこと。「〇枚目の外壁を使う」とは、〇枚目まで、とにかくボールを外に向ける作戦をいう。どちらの壁も、少しでも早く見つけ、それをどのように使うかにより、スコアメークに大きな影響が出る。

━━ き ━━

キーピン

　複数のピンが残っているスペアを狙う際に、ボールを直接当てなければいけない、狙いピンのこと。例えば、②－④－⑤の場合、②がキーピンになる。

キャリーダウン

　投じたボールがレーン表面のオイルをはぎ取った結果、ボールに付着したオイルがドライゾーンへと運ばれること。ブ

レークポイントでの反応が鈍くなり、ボールの動きが甘くなる。

キレ（る）

ボールが、ブレークポイントで鋭く曲がる現象。鋭角に曲がったり、進行方向が急激に変わったりすると、「キレがいい」という。

キングピン

5番ピンのこと。

く

クラウンレーン

オイルの量が、レーン中央から外側に向かうにつれて、徐々に減っていくパターン。好ゲームが期待できる理想のオイルパターンとされ、ほとんどのボウリング場のハウスコンディションに採用されている。

クランカー

ボールの回転数が多く、ボールが大きく曲がるタイプのボウラー。

こ

コア

ボールの内核、中玉。各メーカーが独自の研究を重ねた結果、非常に多種多様なものが開発され、それぞれが、特徴的な動きを生み出す。形状は、対称と非対称に分かれる。中心素材が高密度で比重が高い低慣性ボール、表面の比重が重い

高慣性ボールがあり、動き方が、大きく異なる。

コンベンショナル

中指と薬指を第2関節まで深く入れるボールグリップ。ボールを落としにくいため、ほとんどのハウスボールは、コンベンショナルでドリルされている。

さ

サイドローテーション

ボールに与えられた横回転のこと。横回転が強いと、手前のオイルで滑りやすくなり、ブレークポイントでのキレが大きくなる。

サム

親指のこと。これに対し、中指と薬指のことをフィンガーという。ちなみに、親指の穴のことをサムホールという。

サムソリッド

親指穴に挿入する棒状のもの。サムのフィット感が変わらないように考案された。一般的なものは接着剤で固定されているが、近年においては、取り外しが簡単にできるものが販売されている。

サムレス

親指を入れない片手投法のこと。手のひらをボールの下部に潜り込ませるため、高回転を与えることが比較的容易。ただし、ボールを支える腕力が必要である。

サンディング

320番以上のサンドペーパーなどで、ボールの表面をくもらせること。オイルゾーンでの動きが大きくなり、ドライゾーンのキレが、多少鈍る。

「３−６−９」スペア・アジャストメント・システム

３：１：２理論を応用したもので、ターゲット（スパット）を軸に残りピンに応じて位置を調整する方法。

し

CG

Center of Gravity の略で、ボールの重心のこと。ボウリングのボールの重さは均一ではなく、ＣＧ部分が、最も重い。

ボールには、2、3のマークがある。上から、ピン、ＣＧ、マスバイアス

ジャストポケット

ボールの中心が、①−③ポケットの正確な場所、すなわち、17.5枚目にあること（右利きの場合）。この場所に3〜6度の入射角度で入ると、100％ストライクになるとされる。

ショートパターン

32〜37フィートのオイルパターンの呼称。ブレークポイントまでの距離が短いため、ボールが大きくキレるが、ゲームが進むごとに、キャリーダウンが、顕著に表れる。

シリーズ

ゲーム数の単位。通常、3、4ゲームを1シリーズとし、1ゲーム目から数えたひとくくりのことをいう。例えば、3ゲームシリーズにおいては、1〜3ゲームや4〜6ゲームがシリーズ。2〜4ゲーム、3〜5ゲームなどは、シリーズとはいわない。

す

スキッド

投げられたボールが直進的に滑ること、またはその距離。ボールの摩擦力が小さければ長くなり、慣性モーメントが小さくなれば短くなる。

スクラッチ

ハンディキャップをつけない競技およびそのスコア。ハンディキャップなしの試合をスクラッチ戦という。

スタンスドット

アプローチについている丸いマーク。板目5枚ごとに記され、立つ位置の目安になる。レーンメーカーによって、横に5個または7個ついている。

スタンスドットは、5個または7個が板目5枚
刻みについている

ストライク

1投目で10本のピンを倒すこと。ス
コアは次の2投分まで加算することがで
きる。1ゲームで12回ストライクを出
すと300点。

ストローカー

ボールを大きく曲げない、あるいは曲
がらないボウラー。主にコントロールで
勝負する。

ストロングアーク

ボールの曲がり方を表す言葉で、手前
から大きな弧を描くように曲がるボール
のこと。

スネークアイ

⑦-⑩(セブンテン)スプリットのこ
と。ピンデッキに離れて残る2本のピン
が蛇の目のように見えることから呼ばれ
る。

⑦-⑩スプリット。蛇の目(スネークアイ)の
ように見える?

スパット

本来はレーンやアプローチに刻印され
たマークの総称だが、主にファールライ
ンから約15フィート前方に刻印された
三角形の矢印のことを指す。ボールを投
げる際に狙いを定める目安になることか
ら、「ターゲット(アロー)」と呼ぶこと
もある。

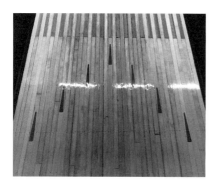

一般的なスパット。近くで見ると、意外と長い

スパン

親指の穴から中指の穴、親指の穴から薬指の穴までの距離。通常、穴の淵から淵までの距離をいう。適正なスパンがしっかりと決まることはまれで、プロボウラーでも時折変える。

スピナー

ボールの回転状態の一つ。ボールの底部に近いところを接地点として回転し、親指の穴から離れた場所にオイルがつく。見た目としては、コマのような回り方。曲がり幅は大きくない。

スプリット

残りピンの間隔が、ピン1本分以上離れた状態。「割れ（る）」ともいう。ただし、ヘッドピンが残っている場合は、スプリットとはいわない。

スポーツコンディション（スポコン）

ボウリングのスポーツ性を守るための規定で、オイルの長さや横の濃淡の配分（3：1以内）などが、細かく定められている。コントロールミスが許されず、攻略するのが、ハウスコンディションよりもはるかに難しい。

スライド

助走のラストステップで、つま先から滑り込むこと。その距離はボウラーによって異なり、かかとから踏み込んで、まったくスライドしない選手もいる。

スリーパー

インザダーク、ダブルウッドと同じ意。

スリーパーを斜めから見たもの。近くで見ると、意外と離れているのがわかる

せ

セミフィンガー

フィンガー（中指と薬指）の第1関節と第2関節の中間で、ボールをグリップする方法。

グリップの違い。右がセミフィンガー、左がフィンガーチップ

セミロール

　ボールの表面につく回転軌跡が、親指の穴よりも外側にあり、ボールの最大円周の４分の３程度の軌跡を描くローリング。

そ

ソリッドリアクティブ

　ボールのカバーストックの一つ。リアクティブ素材の中に、着色料（顔料）以外の固形添加物を加えていないもの。摩擦力が非常に高く、オイルが多いレーンコンディションに有効とされる。

た

ターキー

　３連続ストライクの通称。１本の矢で３羽の七面鳥（ターキー）を射る「一石二鳥」のたとえ。かつてはレーンコンディションが劣悪で、そこで３連続ストライクをとることが極めて難しかったことから、驚きの意味が込められた。

ターン

　リリースの瞬間に手首を回すことによって、ボールに回転を与える技術。

大三元（だいさんげん）

　⑤－⑦－⑩スプリットの俗称。極めて浅い入射角度のポケットヒットで、たまに残る。投げ手にとっては屈辱的な残りピンのため、出現時は、微妙な空気に包まれる。スペアは、ほぼ不可能。別名、リリー。

大三元（⑤－⑦－⑩スプリット）

タイミングがいい（悪い）

　手足の動きの一致（不一致）。タイミングがいいと、ボールを軽く感じ、正確に投げやすくなる。タイミングが悪いと、ボールを重く感じ、指の抜け方が不安定になる。タイミングの形や作法は、人それぞれである。

ダウンスイング

　プッシュアウェイのあと、利き手ともう一方の手がボールから離れ、そこから、重力によって、自然と下側にスイングすること。その際は、ボールの重さによる

緊張感から、腕が解放されていることが大切である。

スチュアート・ウィリアムスのダウンスイング

ダッチマン（ゲーム）

　１ゲームにおいて、ストライクとスペアを繰り返すこと。スコアは、200点ちょうどになる。センター大会で記録すると、褒賞対象になることがある。

タップ

　完璧なストライクヒットにもかかわらず、ピンが残ってしまうこと。

ダブル

　２連続ストライク。ダッチマン以外で200アップするなら、ダブル以上のストライクが、必須の条件となる。

ダブルウッド

　インザダーク、スリーパーと同じ意。

ち

チョップ

　２投目でキーピンだけ倒し、ほかのピンを残すこと。⑥ー⑩、③ー⑥ー⑩などで、よく見られる。

つ

ツーハンド

　両手投げのこと。

て

テイクワン（テイクツー）

　大きく割れたスプリットの際に、スペアを狙わず、片側の１本（２本）を確実に倒すこと。

デイリーコンディション

　ボウリング場の通常営業時におけるメンテナンスで敷かれるレーンコンディション。ハウスコンディションともいわれる。難易度はやさしめで、スコアが出やすい。

デッドウッド

　倒れたピンがスイープに払われずに、ピンデッキやガターに横たわっている状態。試合では、倒れたピンをスタッフや競技委員に取り除いてもらわなければ投球できない。

デッドボール

　無効投球のこと。宣告された場合、その投球は、スコアに加算されない。ピンをもとの状態に戻し、投球をやり直す。

デュアルレーン方式

ボックス左右一対のレーンにおいて、1フレームごとにレーンを変えて投げる方式。レーンによる難易度差が生じることを未然に防げるため、国内外のほとんどの公式戦で採用されている（⇔シングルレーン方式）。

⊿RG（デルタアールジー）

回転半径のことで、0.000〜0.060インチ以下で設定される。0.060インチに近づくにつれ、フレアポテンシャルが大きくなる。簡単にいうと、向きを変える力を示すもので、高⊿RGボールは、曲がり幅が大きい。

テンアングルスドット

スパットとファールラインの間にある10個の丸いドット。別名、ガイド。

テンフレ

第10フレームの通称。ほかのフレームと異なり、3個の枠で構成。ストライクかスペアを出せば、3回投げられる。

テンボード

10枚目の板目（利き手側から2番目のスパット）のこと。テンボードをまっすぐに投げるのが、最も基本的なアングルとされる。

と

トップウエイト

グリップラインのセンターを真上にした状態から、その上半分と下半分の重量差を表した数値。サムを入れるかどうかに関係なく、3オンス以内と、2020年8月に定められた。

ドライレーン

オイルが極端に薄かったり、短かったりするレーン。

トラック

ボールに付着するオイルの跡。そのつき方は、回転軸によって変わる。

ドリル

ボールに指穴を開けること。正確に開けるために、手の大きさはもちろんのこと、骨格や関節の柔らかさなど、さまざまな要素を細かく測る。指を痛めたり、指の太さが変わったりしたら、「ボウラーの主治医」であるドリラーに相談する必要がある。

ドレッシング

レーンにオイルを添付すること。オイルがある部分をドレッシングゾーンという。オイルの濃淡により、ボールの曲がりや滑り方に変化が生まれる。

な

ナインテン

9フレームと10フレームの2フレームだけで、勝敗を決めること。プレーオフやイベントマッチなどで採用される。超ショートゲームのため、ミスすると、命とりになる。

ナローポイント

　トラックフレアが交差する場所。マスバイアスがあるボールでは、ピンとポジティブアクシスポイントを結んだラインの延長線上に表れることが多い。このポイントを中心にサンディングすると、キャッチが、より強くなる。

ナローポイント

に

入射角度

　①－③ポケット（右利き）に当たる角度のことで、5〜6度で当たると、ほぼ100パーセント、ストライクになるとされる。角度が浅いと、ヘッドピンに対して、ボールが横に弾かれ、ピンアクションが弱くなる。

「2－4－6」スペア・アジャストメント・システム

　ストライク・ポジション（S・P）と10番ピン・ポジション（T・P）を中心に、スタンスを軸として、残りピンに対し、ターゲットを一定のパターン（板目2枚ずつ移動）に従って調整する方法。

の

ノーヘッド

　1投目が、ヘッドピンに当たらないこと。初心者としては、ノーヘッドの回数を減らすことが、上達のカギになる。

ノーミス

　オープンフレームがまったくないまま、ゲームを終えること。ガターやファールをしても、そのフレームがスペアなら、ミスにならない。

ノーミス達成のスコア画面。ストライクがわずかに2回でも、ミスがなければ、200点を超えることがある

は

バーティカルピッチ

　ボールの中心に対する指穴の角度。スパンの長さと密接な関係がある。手のひ

らの内側に向かうものをフォワードピッチ、手のひらの外側に向かうものをリバースピッチという。

バーティカルピッチ

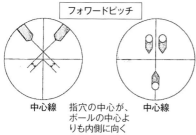

フォワードピッチ

中心線　指穴の中心が、ボールの中心よりも内側に向く　中心線

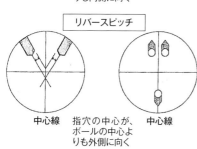

リバースピッチ

中心線　指穴の中心が、ボールの中心よりも外側に向く　中心線

パーフェクトゲーム

　第1フレームから第10フレームまで、12投連続でストライクを続けること。スコアは300点。JPBA（日本プロボウリング協会）では、公式戦で達成すると、公認記録になる。男子は1699号、女子は347号まで達成されている（2024年5月31日時点）。

パールリアクティブ

　パールと呼ばれる素材をリアクティブに混ぜることによって、摩擦力を弱め、オイル上での直進力を強くしたボール。ドライゾーンでは、鋭角に切れ込むよう

に曲がることが多い。ソリッドリアクティブの対照的存在として扱われてきたが、近年においては、オイルに強いタイプのパール素材のものも開発されている。

ハイゲーム

　単一ゲームの最高得点。大会によっては、開催期間における最高スコアをマークした選手に、ハイゲーム賞が贈られることがある。

ハイシリーズ

　シリーズ（3、4ゲーム）の合計得点が、最も高いスコア。

ハイスコ

　高得点が出やすいレーン。ハウスコンディションのレーンやオイル状態が落ち着いてきた試合中盤のレーンなどにおいて、ストライクが量産される現象。

ハイブリッド素材

　ソリッドリアクティブとパールリアクティブを混ぜ合わせた素材。前者では噛みすぎ、後者では走りすぎる場合に有効。配分はちょうど半々のものもあれば、7対3や4対6のように、どちらかの素材に偏って設計されたものもある。

ハイロー

　ハイゲームとローゲームの得点差。大会で同点の場合、この差が少ない者を上位とする。このルールは、ゲーム単位だけでなく、シリーズ単位で採用されることもある。

バケット

②－④－⑤－⑧の残りピン。左投げの場合は③－⑤－⑥－⑨。ヘッドピンに薄くヒットした場合に発生しやすい。見た目以上にカバーの難易度が高い。

右利きによるバケット（②－④－⑤－⑧）

バックアップボール

右利きのボウラーのシュート回転が、右方向に曲がる球質。手首を12時から３時の方向に逆回転させて投げる。

バックエンド

60フィートのレーンを３等分した際のピンに最も近いエリア。ピンの近くで急激に曲がるボールを「バックエンドリアクションが大きい」という。

レーンのバックエンド部分。オイルの切れ目にあたり、ボールの動き幅が、各エリアの中で最も出る

800シリーズ

３ゲームの合計点が、800点以上になること。266.7以上のアベレージが必要なので、パーフェクトゲームよりも難易度がはるかに高く、センター大会では、褒賞対象になることがある。JPBAの公式戦で達成すると、公認800シリーズとして記録される。男子は325号、女子は40号まで達成されている（2024年5月31日時点）。

パワーステップ

　ラストステップ1歩前の利き手側の足を足踏み程度に小さく踏み出すことで、パワーを溜めるテクニック。前方に力強く蹴るための姿勢をつくることが、重要になる。

EJ・タケットのパワーステップ

パンチアウト

　第10フレームで3連続ストライクを決め、ゲームを締めること。

ひ

ビッグフォー

　④-⑥-⑦-⑩スプリットの通称。片側の2本を飛ばして、逆方向のピンに直接当てるよりも、スピードボールでピット側から跳ね返すほうが、スペアのチャンスがある。

ビッグフォー

ピッチ

　指穴の傾斜度を表すドリルの技術用語で、ボールの中心に対し、何インチの差で交差するかを示す数字。指穴方向には、ラテラルピッチ（横方向）とバーティカルピッチ（縦方向）がある。ボールの持ち具合やリリース具合を左右する。

ピン

　1. レーン前方に設置された棒状のもの。手前から、ピラミッド状に10本設置される。材質は主に楓。高さが38.1センチ、重さが3ポンド6オンス以上3ポンド10オンス以内と定められている。

　2. ボール表面に刻印されている直径約1センチの円形マーク。内蔵するコアの方向を示す。

ピン（1）

ボールの断面図。ピンは、コアの頂点を指す。その位置により、コアの向きを判断できる

ピン（2）

ピンデッキ

ピンが立っている場所。縦横の長さは約１メートル。

ピンが立っていない状態のピンデッキ。その奥のボールとピンが落ちる部分がピット

ピンアクション

ピンが、ほかのピンをかき回すように動くこと。ボールに多くの横回転を与えると、ピンを横倒しすることができ、デッキ内のピンを多く倒せる。

ピンアップ

コアの頂点を指すピンが、フィンガーホールの上に記されているボール。このボールは、レーン先での動きが大きくなる。

ピンダウン

コアの頂点を指すピンが、フィンガーホールの下に記されているボール。このボールは、レーンの手前側から転がり、先での動きは緩やかになる。

ピンセッター

レーンの奥にあり、倒れたピンを回収するとともに、ピンを自動的にセットする機械。

ブランズウィック社製（A‐2）のピンセッター

ピンアップのボール（右）とピンダウンのボール

ふ

ファール

投球前後またはピンがセットし直される前に、足や体の一部が、ファールラインを越えること。その場合、倒したピンの数は、0本になる。ファールラインは、アプローチとレーンを仕切る黒い線。センターによっては、直接踏むと、ブザーが鳴る仕組みになっている。

ファウンデーションフレーム

第9フレームのこと。第10フレームでダブルやターキーを出して得点を伸ばす、そのための「ファウンデーション＝土台」であるという意味合いから、こういわれる。

フィンガーチップ

中指と薬指を第1関節までしか入れないグリップ。親指から中指および親指から薬指までの距離を長めに設定する必要がある。

フィンガーロール

中指の穴または薬指の穴（フィンガーホール）にかかるローリング。

フォロースルー

リリース直後のフォーム。その形はプロボウラーでも千差万別だが、上位選手ほど、優美に見せる。

マーシャル・ケントの美しいフォロースルー

フォワードスイング

バックスイングの頂点からリリースにかけての動作。腕を前に振り下ろし、ボールを押し出す。

フォワードピッチ

ボールの中心よりも、内側に向いている指穴の角度。これに対し、外側に向いている角度をリバースピッチという。

フッキングポイント

リリースされたボールが、リアクションを始める地点。狙いを定めるポイントとして、重要視するボウラーが多い。

フックアウト

フックしたボールが、ロールアウトする直前の状態。アクシスローテーションは0度で、アクシスチルトが、わずかに残っている。ほんの一瞬だが、この状態でピンヒットすると、最高のピンアクションを生むとされる。

フックポテンシャル

ボールのフックは、リリースで与えられたサイドローテーションおよびレーンの摩擦によって生まれるが、その潜在的なフック力のこと。

プッシュアウェイ

アドレスからスイングするきっかけをつくるために、ボールを前方に押し出す動作。手足のタイミングを決める重要な技術である。

ブラインド（スコア）

現在は、欠席者や棄権者の意。もともとは、欠席した選手のスコア欄が空白になることをいった。

プラグ

ボールを再利用するために、固まる樹脂を流し込み、指穴を埋めること。PBAの規定では、プラグしたボールを公式戦で使用することはできない。JPBAの規定では、そのボールに施してあるプラグの個数を検量証に明記しなければならない。

プラグ中のボール

プラス（する）

200点を上回ること。200点を基準とし、それを上回った分のスコア。208点は「プラス8点」、4ゲームで925点打った場合は「プラス125点」。逆に、200点を下回ると、「マイナス（する）」という。

フラットレーン

オイルが、左右の端から端まで均一に塗布されたレーン。オイルの濃淡によるミスの許容範囲がほぼないため、非常に難しい。

ブリッジ

中指の穴から薬指の穴までの距離。硬度が高いボールが主流だった時代は、8分の1インチと狭かったが、ウレタンボールの登場以降は、指穴の縁が欠けるのを避けたいとの理由により、4分の1から16分の3インチ程度に設定することが多い。

ブリッジ

ブルックリン

右投げのボウラーが、通常ルートである①-③ポケットの反対側にあたる、①

– ②ピン側に投げ込むこと（左投げは、右の逆）。「裏」ともいわれる。ニューヨークの下町であるブルックリンが、都市部にあたるマンハッタンから見て、イースト川をはさんだ反対側に位置することが由来とされる。

フルロール

ボールの最大円周上を回転する、最も大きく長い軌跡のローリング。ロールの種類は、フル、セミ、スピナーの3種類に大別されるが、それ自体に優劣はなく、それぞれのタイプにトッププロが存在する。

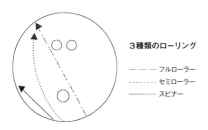

3種類のローリング

—・—・—　フルローラー
・・・・・・・・　セミローラー
————　スピナー

フレア

ローリングトラックの振れ幅のこと。「フレア」はゆらめく炎の意で、この振れ幅が、風で炎がゆらめくさまに見えることから、こう呼ばれる。幅が大きいほど、ボール表面のフレッシュな部分がレーンと接することになるので、強い摩擦が生じ、大きく曲がる。

ブレークダウン

投じられたボールによって、レーン表面のオイルが削り取られ、消失していくこと。ちなみに、剥ぎ取られてボールに付着したオイルがピン手前のドライゾーンに運ばれることを、キャリーダウンという。

ブレークポイント

ボールがフックし始める地点。別名、フッキングポイント。ボールを大きく曲げるタイプは、狙いを定めるポイントとして、重要視する傾向にある。

フレーム

スコア表の1個の枠、マス目。1ゲームは、10個のフレームで構成される。

ブロー

スペアミスした、オープンフレームのこと。

ブロックレーン

オイルの濃淡差を意図的につくることで、ハイスコアを出しやすくしたレーン。

平行ピン

④–⑥、⑧–⑩、⑦–⑩など、横方向に並んで残ったスプリット。この状態からスペアを取るのは、プロボウラーでも極めて困難である。

ヘッドアップ

リリース時に頭が上がること。狙いがずれやすくなったり、親指の抜けが不安定になったりするため、いい姿勢とはいえない。

ヘッドアップしないように、気をつけよう

ベベル作業
の様子

ヘッドピン

ピンが10本セットされた際に、先頭に立っている１番ピンのこと。

ベビースプリット

③－⑩、②－⑦スプリットのこと。ピンの間隔が狭く、スペアを比較的取りやすい。④－⑤や⑦－⑧なども同様に見えるが、こちらは抜けたピンが間にないことから、「ベビー」とはいわない。

ベビースプリット（③－⑩）

ベベル

ドリル後に指穴の鋭角的な角を丸める、面とりのこと。加工の程度は、角をシャープに残す、丸みを帯びるほど多めに削るなど、好みによって、大きく異なる。

ほ

ボード

レーンを構成する39枚の板。最も基本的なアングルとして使用される10枚目を「テンボード」という。

ホール

ドリルされた指穴やバランスホールの総称。その大きさを「ホールサイズ」という。ただし、バランスホールについては、USBC（全米ボウリング協会）、WB（ワールドボウリング）、JBO（日本ボウリング機構）などが、このホールが空いたボールの使用を2020年に禁止した。

ボールリターン

ピンセッターマシンから返却されたボールをボウラーのもとに戻す装置。周囲には、ピンをリセットするボタンがある。ちなみに、ボールのたまり場を「リターンラック」という。

ポケット

右投げの場合は①－③の間、左投げの場合は①－②の間のこと。そこに５～６度の進入角度で当たると、ストライクが

最も出やすいとされる。

ポジティブアクシスポイント

ボールの回転軸を表す点。通称、PAP。その場所はボウラーによって異なり、ドリルレイアウトする上で、必ず必要になる。

ボックス

ボールリターンをはさむ一対のレーン。奇数番レーンと偶数番レーンの組み合わせになる。

ボールリターン1台とレーン2本で構成されるボックス

ポリッシュ

ボールにつやを出すように磨くこと。別名、ポリッシング。通常、サンディングされたボールよりも少ないオイルで走るようになり、ブレークポイントでキレのある動きが出る。

ま

マーク

スペアやストライクのこと。

マーク差

テレビ中継の解説などで用いられるスコア差を表す言葉で、約10ピン差のこと。例えば、A選手がノーミス・ダブルでB選手がノーミス・ターキーの場合、「B選手が1マークリード」、C選手が1ミス・ノーダブルでD選手がノーミス・ターキーの場合、「D選手が3マークリード」となる。

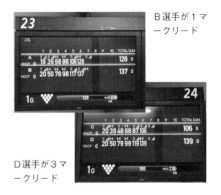

B選手が1マークリード

D選手が3マークリード

マイナス（する）

200点を下回ること。200点を基準とし、それを下回った分のスコア。192点は「マイナス8点」、4ゲームで775点打った場合は「マイナス25点」。逆に、200点を上回ると、「プラス（する）」という。

マシンタッチ

ピンセッターマシンとの接触によって、ピンが倒れること。この場合、倒されたピンは再配置される。

マスキング

ピンセッターマシンをアプローチ側から見せないように隠すカバーのこと。写真、イラスト、映像などが映し出される巨大スクリーンにすることで、センターの雰囲気づくりに使われたりもする。

東京・青戸ボウルのマスキング

茨城・サウンドボウル牛久店のマスキング

マスバイアス

ボールメーカーによってつくられた造語で、コアのRGが最も高い軸を表すマーク。非対称コアを搭載するボールのピンから、90度離れた部分に刻印されている。対称コアのボールには刻印されていない。

ボール上のマーク。上から
ピン、CG、
マスバイアス

み

ミッドレーン

レーンを縦方向に見た際の中間部にあたるエリア。具体的には、スパットからオイルの切れ目までを指す。

ミッドレーンのエリア

ミディアムコンディション

オイルの長さが38〜42フィートに設定されたレーンコンディション。攻め方にセオリーはなく、球質によって、好みのラインを投げることができる。

め

メジャーシート

ボールの指穴サイズ、スパンの長さ、ピッチなどを記入する用紙で、いわば、ボウラーのカルテ。ボール名やドリル日のほか、ポジティブアクシスポイントやドリルレイアウトなどを細部にわたって記録することがある。

メンテナンス

現代においては、たいていの場合、レーンのクリーニングやオイリング作業の総称として用いられるが、もともとは、レーンやマシンの保守管理のことだった。近年は、トーナメントのシフト間で行われることが増えている。

ら

ライトピッチ

指穴の向きが、ボールの中心よりも右側に向いていること。その角度のこと。

ライン

ボールがレーン上を通るコース、軌道。

ラインどり

ストライクポケットに当てるコースをレーンに塗られたオイルの状態から探る行為。その数は、使用するボールや球質により、無数にわたる。好スコアを記録するには、ラインどりがすべてといっても過言ではない。

ラテラルピッチ

ブリッジからサムホールに結ぶ中心線に対し、左右に90度向ける指穴の角度。別名、サイドピッチ。ちなみに、その中心線と平行に前後する指穴の角度を「バーティカルピッチ」という。

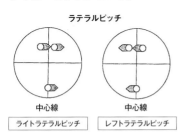

ラテラルピッチ

中心線
ライトラテラルピッチ

中心線
レフトラテラルピッチ

り

リアクション

ボールの動きや反応のこと。

リアクティブ

ウレタン樹脂に可塑剤を加えた、ボール表面素材の総称。オイルの有無に過敏に反応し、激しく動く。

リスタイ

手首が折れたり、親指の向きが変わったりしないようにする補助器具。手首の一部を簡易的に包み込むものから、人差し指までガッチリと固定するものまで、形状はさまざま。ただし、JPBAのプロボウラーについては、2020年から、公式戦での使用が禁止されている。

いろいろな形
のリスタイ

リストアクション

ボールに回転を与えるために、手首を動かすこと。クランカーは、特に手首を柔らかく使い、高回転ボールを繰り出す。

リセットボタン

ピンを立て直したり、ピンデッキに転がっているピンを払ったりするために押すボタン。通常は、レーンのボールリターンまたはスコアラーに一つついている。JPBAの試合では、1ゲームにつき、1人2回まで、使用が認められている。気持ちを落ち着かせるために、ここ一番の投球前に押す場合がある。

リセットボタン

リバースピッチ

ボールの中心よりも、外側に向いている指穴の角度。これに対し、内側に向いている角度をフォワードピッチという。

リフト

リリースの際に、親指が抜けてから、フィンガー（中指と薬指）でボールを引き上げる動作。ローダウン投法が登場する前は、リフト力の強さで回転数が決まるとされていた。手首を使うことによって、より強い回転を与える投法を「リフト＆ターン」という。

リリース

ファールラインの手前に到達したボウラーが、ボールを放つ動作。親指が抜けてから、中指と薬指で回転を与える形が、美しいとされる。回転数と回転軸が決まる重要な技術である。

姫路麗プロ
の美しいリ
リース

れ

レイアウト

ボールにドリルする際の穴開け場所を決める行程。ボウラーの回転軸を起点として、ピンやマスバイアスの位置を調整することにより、ボールのパフォーマンスを少しだけ変えられる。現在、二つの角度と一つの距離で構成する「デュアルアングルレイアウト」と、3つの距離で構成する「PSAレイアウト」の2種類が、主に採用されている。

デュアルアングル
レイアウト

PSAレイアウト

レーン

ボールを転がす場所。材質としては、ウッドと合成樹脂（シンセティック）の2種類に大別できる。ファールラインから1番ピンまでの距離が60フィート（18.288m）で、横幅が41インチ1/2（1.054m）。そのほか、両端に取りつけられたガターの幅（9インチ）、ファールラインの幅（3/8インチ以上1インチ以内）、スパットの位置（12~16フィート）などが、細かく規定されている。

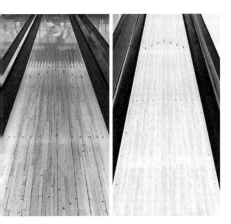

ウッドレーン（右）と合成樹脂レーン

レーンキャッチ

ボールの回転が、レーンの表面をつかむこと。摩擦力が出て、よくキャッチすると、曲がりにつながる。摩擦係数が大きく、オイルの影響を受けにくいことを「レーンキャッチがいい」という。

レーン牽制

大会において、ボックス単位またはレーン単位で交互に投球する方式。同時投球を防ぐためのルール。譲り合う気持ちが大切だが、必要以上に牽制しすぎると、ゲーム進行が乱れる。自分の順番になったら、速やかにアプローチに立つことが好ましい。

レボリューション

ボールの回転のこと。「レブ」と略されることが多い。ちなみに、「ハイレブ」とは、高回転ボールのことである。

ろ

ローゲーム

スコアが低いこと。その日の最低点のこと。

ローダウン

高速リリースや高速回転を意味する和製英語。一般的には、ヒジを曲げたり、手首を柔らかく使ったりしながら、ボールを抱え込む投法とされるが、定義はあいまいである。抱え込んだボールを意図的に指で引っかけずにレーンに送り出すと、あるいはたたきつけるイメージでリリースすると、猛烈な回転が生まれる。PBA プロはもちろんのこと、JPBA の若手ワンハンドプレーヤーのほとんどが、この投法を繰り出す。

高回転ボールの第一人者である永野すばるプロ。ひじの使い方に注目してほしい

ローリングトラック

投球したボールに付着するオイルの線のこと。グリップ側に最も近い線が1回

転目（ファーストローリングトラック）で、その線を１周した円の中心点がポジティブアクシスポイントになり、スピナー、セミロール、フルロールなどの球質が判別される。ボールが転がることにより、扇状に広がる。その振れ幅を「フレア」という。

ローリングトラック

ロールアウト

レーンの摩擦でボールの軸移動が終わった結果として、ボールの進行方向と回転方向が一致している状態。ピンを飛ばすエネルギーがほとんど消滅し、ポケットを突いても、５番ピンや⑧–⑩（左投げの場合は⑦–⑨）スプリットが残ることが多い。

ロフトボール

ボールを高い位置から放り投げること。トーナメントにおいては、オイルが枯れ切ったレーンを攻略するための必須技術。ただし、普段の練習においては、落下音が他者の迷惑になるほか、レーンを傷めるので、マナー違反とされる。

普段の練習では、ロフトボールはやめよう

ロングパターン

オイルの長さが43フィート以上に設定されたレーンコンディション。外のオイルが切れたデイリーメンテではアウトサイドを使えるが、スポーツコンディションではインサイドを攻めるのがセオリーとされる。

わ

ワッシャー

ウオッシュアウトと同じ意。

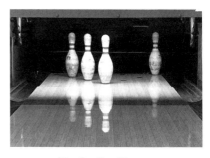

ワッシャー（①–②–④–⑩）

ワンハンド

片手投げのこと。

第 **5** 章

教えて
Q&A

　両手投げはまだまだ発展途上なので、活躍中のプロにしても、独学で学んだケースが少なくありません。一人でも練習できるのはボウリングのいいところですが、一方で、悩みを相談できる相手がいないので困ったという経験がある人が多いのではないでしょうか。ここでは、ボウリングに関するさまざまな疑問に答えながら、上達のヒントを提示していきます。

Q1 ボールについたオイルを
毎回拭いていますが、それでも
ボールがヌルヌルし、手が滑ります。

A 表面についたオイルは毎回拭けばきれいにできますが、中に吸収されたものは拭き取れません。そして、だいたい100ゲーム前後で、吸収し切れなくなったオイルが表出してきます。ヌルヌルしてきたなと感じたら、ボウリング場に置いてあるオイル抜きのマシンやジェルパックというオイル抜き用のケア用品を使ってみてください。ボールに手を30秒間乗せて離した際にオイルがにじんできたら、オイルを抜くタイミングといえます。

Q2 両手投げだと、重いボールを
投げることはできますが、
その一方で、スピードが出ません。

A まずは、ハウスボール（ボウリング場にて無料で貸し出されるボール）でかまわないので、いろいろな重さのボールを投球し、スピードを出しやすく、なおかつ、回転をかけやすい重さのものを探しましょう。最初は、重いボールを無理して投球するのではなく、スピードと回転を重視して選んでください。タイミングをうまくとれるようになって、スピードがついてきたなと感じたら、ステップアップして重くしていくのもいいでしょう。

ボウリング場には、ハウスボールがたくさん置かれている。自分に合った重さのものを探そう

Q3 ボウリング場のレンタルシューズを使っていますが、両足とも滑り、安定した投球ができません。

A ボウリング場に置いてあるレンタルシューズは、右利きでも左利きでも投球できるようにつくられています。つまり、両足とも滑る設計になっているのです。しかし、自分専用のシューズをつくるとなると、右利きであれば、蹴り足となる右足のほうのシューズは、ラバーという特殊なゴムで滑らないようにします。そして、滑らなければ、安定した投球へと近づきます。自分専用のシューズを購入してみてはいかがでしょうか。

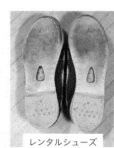
レンタルシューズ

専用シューズ

レンタルシューズはソールが左右とも同じだが、専用シューズは蹴り足となるほうのシューズのソールに特殊なゴムが使用され、滑りにくくなっている

Q4 リリース時に、スパットから目が離れてしまいます。

A リリースする瞬間に、ヘッドアップしていないでしょうか？ 投げようという意識が強すぎることによって、フォワードスイングを自分で引き戻すと、それにつられ、上体が浮いてしまいます。そうなると、スパットから目が離れる現象が起こります。投げ急がずに、自然なスイングの流れからリリースすることを意識しましょう。

Q5 投球始動時のボールを出すタイミングが、バラバラで安定しません。

2歩目の軸足が
ついた段階で
始動することを
意識しよう！

A 　5歩助走なら、2歩目の軸足がついた段階で始動すると、投げやすいかもしれません。両手投げの場合、ボールの軌道のスイングをつくるためには、軸足がついてから始動しないと、体をうまく逃がせません。2歩目の軸足がついた段階で始動し、3歩目でバックスイングに入るというのが、多くの上位選手が行っているパターンです。

木田プロも、プッシュアウェイの動作
を2歩目から開始している。（5歩助走
のポイントについては34ページを参照）

Q6 投球を重ねると、薬指が痛くなってきます。

A 　原因としては、リリースのタイミングが少し遅れることで、ボールをリフトしているケースが考えられます。指への負荷が過剰にかかる状態が続き、その結果、ゲーム後半になると、痛くなってくるのではないでしょうか。タイミングを修正しても改善されない場合は、ドリラーに相談し、ピッチを一度見直してみるといいかもしれません。

曲がりすぎるあまり、
1番ピンになかなか当たりません。

A 回転が強くかかる両手投げの場合、オイルが少ないところにボールを投げると、曲がりすぎる現象が、よく起こります。1番ピンにボールを当てるには、オイルがあるところを探さなくてはいけません。探し方としては、まずは、ボールの着床点を決めます。着床点というと、少し難しく感じるかもしれませんが、練習ボールなどで最初に投球するラインどりでかまいません。そこを基点とし、曲がりすぎるのであれば、立ち位置を少し左に寄せてください。逆に、曲がり足りないのであれば、立ち位置を少し右に寄せてください。通すスパットはそのままにし、立ち位置のみを変えてください。その作業を繰り返すことで、1番ピンに当たる場所を見つけます。このラインのとり方をもう少し詳しく説明した「3：1：2理論」（38ページ参照）というものがあるので、そちらもご覧ください。

スペアメイクが、
なかなかできません。

A 「Q&A」7の1番ピンに当てる方法を応用したやり方で、スペアメイクできるようになります。通すスパットはそのままにし、狙うピンの対角線上に立ち位置を変えて投球します。簡単に説明すると、1番ピンよりも右側にピンが残った場合は左からに、1番ピンよりも左側にピンが残った場合は右からに、アングルを変えます。ピンだけを見て投げるのではなく、ストライクアングルから考えて投球することにより、オイルの変化にも対応できるようになります。

（3－6－9システム：44ページ参照）

ゲームを重ねると、スコアが悪くなっていきます。

A レーンには、オイルが塗ってあります。1ゲーム目に高いスコアを出しても、その後のスコアは、オイルの変化によって、上下することがあります。両手投げは高回転のため、片手投げよりも、レーンのオイルが早く取れます。オイルが取れて曲がりすぎるようになったら、内側のオイルを少しずつ使いながら、対応していく必要があります。「3：1：2理論」（38ページ参照）を参考にすると、イメージをつかみやすいかもしれません。

リリース時のボールが、手前に落ちすぎます。

手のひらから
前に転がす
イメージで
投げよう！

A リリースの際にボールが手前に落ちる原因としては、ボールから手を離すのが早すぎることが考えられます。両手投げの場合、カップをつくった状態（手のひらにボールが乗った状態）でスイングするのがベスト。手のひらにボールがきちんと乗った状態を意識しながら、手のひらから前に転がすイメージで投げましょう。

両手投げの場合、ボールがなるべく長く手のひらにある状況をつくることが重要だ

Q11 狙いよりも、
内側に投げてしまいます。

A 曲げたい気持ちが先行することによって、投げる瞬間にヒジが出てしまっているのかもしれません。曲げることではなく、スイングライン上できちんとスイングすることを意識しましょう。両手投げの場合、しっかりとしたスイングさえできれば、曲げよう曲げようと強く考えなくても、自然に曲がります。

Q12 コントロールが
定まりません。

A 一因として、力みすぎが挙げられます。力みすぎると、ヘッドアップしたり、ヒジが出たりし、自然なスイングができません。大切なのは、自分が狙う方向に体の軸をしっかりと向けること。そして、ターゲットから目を離さず、頭を動かさないこと。それらを意識しながら投球していけば、だんだんと、コントロールが定まってきます。

おわりに

　ここまでお読みいただき、ありがとうございました。

　両手投げにはさまざまなスタイルがありますが、最も大切なのは、無理なく投球することです。ただし、どんなスタイルにも、上達するための基本的な共通ポイントがあります。私は、かつて渡米し、USBC（全米ボウリング協会）やケーゲルトレーニングセンターで指導を受けました。また、両手投げボウラーの指導に携わってもきました。そうした中で、共通ポイントの存在に気がつきました。それを本書で示したつもりなので、学んでいただけたら幸いです。

　ボウリングをやってみたいけど、ボールが重くて投げられないとあきらめかけているジュニアのみなさんや、ワンハンド（片手投げ）で投げた際に親指がうまく抜けなかったり、ボールが曲がらなかったりしたことによって、自分にはセンスがないのかなとネガティブに考えているみなさんに、最後に改めて提案します。ツーハンド（両手投げ）に挑戦してみてはいかがでしょうか。

　もちろん、最初からうまくいくことなどなかなかありませんが、まずは、ボールが曲がることによって見えてくる新しい世界や、楽しさを体感してください。

2024年6月吉日　　塩山 一美

著者

塩山 一美

34期／ライセンスNo.821
しおやま・かずみ◎1966年12月15日
生まれ、茨城県出身。大学ボウル／Ａ
ＢＳ所属。右投げ。(公社) 日本プロ
ボウリング協会副会長、インストラク
ター委員会委員長、インターナショナ
ルシルバーコーチ、(公財) 日本スポ
ーツ協会公認コーチ4

モデル

木田 大輔

55期／ライセンスNo.1369
きだ・だいすけ◎1989年12月29日生ま
れ、東京都出身。178cm／68kg。東京
ポートボウル所属。両手投げ（右）。(公
財) 日本スポーツ協会公認コーチ1、イ
ンターナショナルコーチ1ほか

ボウリング

はじめてみよう、両手投げ

2024年6月30日　第1版第1刷発行

著　者	塩山 一美
発 行 人	池田 哲雄
発 行 所	株式会社ベースボール・マガジン社
	〒103-8482 東京都中央区日本橋浜町 2 - 61 - 9
	TIE 浜町ビル
	電　話　03-5643-3930（販売部）
	03-5643-3885（出版部）
	振替口座　00180 - 6 - 46620
	https://www.bbm-japan.com/

印刷・製本　大日本印刷株式会社